KB117785

BEETHOVEN

미국 의회 도서관에 있는 베토벤 동상

베토벤의 정신적 토양, 본

라인강 중류에 위치한 도시로, 이곳에서 베토벤이 나고 자랐다. 그가 음악가로서 활발한 활동을 하고 명성을 떨친 곳은 오스트리아 빈이었지만, 그의 음악과 감수성의 원천이 된 곳은 독일 본이었다. 음악가의 길을 걸을 수 있도록 이끌어준 스승을 만난 것도, 궁정 오케스트라에 입단하여 직업 음악가의 길을 걷게 된 것도 이곳에서다. 어린 나이에 가족들의 죽음을 경험하고 가장의 책임을 짊어지는 등 불우한 유년시절을 보낸 그는 본을 휘감아 흐르는 라인강을 따라 산책하며 마음의 위안을 얻고 음악적 영감을 떠올렸다고 한다.

카탈루냐음악당에 울려 퍼진 베토벤의 음악

스페인 바르셀로나의 카탈루냐음악당에서 열린 공연의 한 장면이다. 1936년에 이곳에서 베토벤의 마지막 교향곡 〈합창〉이 연주될 예정이었으나, 스페인내전의 발발로 무산되었다. 2016년에 스페인내전에서 살아남은 이들을 위해 다시 공연이 개최되었고, 베토벤의 교향곡이 무대에 올랐다. 베토벤의 음악은 세계 곳곳에서 현대 음악가들에 의해 다시 연주되고 재해석됨으로써 불멸의 삶을 살고 있다.

❶ 베토벤 생가 독일 본
어린 음악가의 탄생

본가세 20번지에 위치한 베토벤의 생가는 19세기에 헐릴 뻔했으나 본의 시민들이 기금을 마련하여 구입한 뒤 베토벤박물관으로 개조하여 운영하고 있다. 어린 시절 베토벤이 사용했던 악기, 자필 악보 등이 전시되어 있어 클래식음악 애호가들의 발길이 끊이지 않는다.

❷ 성레미기우스성당 독일 본
피아니스트로 발돋움하다

베토벤이 세례를 받은 곳이자 새벽 미사에서 오르간을 연주했던 곳이다. 기록에 의하면, 그가 성당에서 오르간을 처음 본 순간 매료되어 제단 발치에서 꼼짝하지 않았다고 한다. 오르간 연주법에서 시작된 레가토 주법 덕분에 베토벤은 훗날 피아니스트로서 명성을 떨칠 수 있었다.

❸ 로브코비츠 공작 저택 오스트리아 빈
교향곡의 새로운 역사를 쓰다

로브코비츠 공작은 베토벤이 청중들의 개인적 취향에 휘둘리지 않고 자신만의 방식대로 작품을 완성할 수 있도록 후원을 아끼지 않았다. 그의 절대적인 지지 속에 베토벤은 교향곡의 새로운 이정표를 제시한 〈영웅〉을 썼다. 또한 이 곡을 대중에게 선보이기에 앞서 공작의 배려로 그의 저택에서 사적으로 초연할 수 있었다.

❹ 부르크극장 오스트리아 빈
작곡가로서의 명성을 가져다준 곳

1800년에 베토벤은 부르크극장에서 첫 번째 교향곡을 선보여 관현악 작곡가로의 이미지 변신에 성공했다. 그뿐만 아니라 거장 하이든과 모차르트의 작품들과 자신의 작품을 나란히 무대에 올림으로써 그들과 동등한 음악가 반열에 올라서게 되었다. 이 극장은 제2차 세계대전 때 파괴되어 여러 차례 보수공사를 거쳤다.

❺ 하일리겐슈타트 오스트리아
절망을 창작열로 승화하다

베토벤은 요양을 위해 빈 근교의 한적한 시골 마을 하일리겐슈타트를 찾았다. 이곳에서 그는 귓병을 비관하며 유서에 가까운 편지를 남기지만, 유서를 쓰면서 살아가야 하는 이유를 깨닫고는 작곡에 매진했다. 이후 6년간 그의 극적이고 영웅적인 작품들이 집중적으로 쏟아졌다.

❻ 안 데어 빈 극장 오스트리아 빈
역사적인 초연 무대

빈의 유서 깊은 오페라 극장으로, 1801년에 개관했다. 이곳에서 교향곡 〈영웅〉〈운명〉〈전원〉이 초연되었으며, 1808년에는 베토벤의 곡으로만 구성된 공연이 네 시간 동안 열렸다. 이 밖에도 이곳에서 바이올린소나타 〈크로이처〉가 연주되었고, 오페라 〈피델리오〉가 초연되었다.

❼ 파스콸라티하우스 오스트리아 빈
영웅주의 음악의 산실

한곳에 오래 머무르지 않기로 유명한 베토벤이 10여 년간 살았던 곳이다. 언덕 위에 자리 잡고 있어 창을 내다보면 빈대학과 부르크극장이 한눈에 들어온다. 이 집에서 교향곡 4번, 5번, 7번을 비롯해 〈피델리오〉와 〈레오노레〉 서곡 3번, 현악 4중주 〈라주모프스키〉 그리고 〈세리오소〉 등 그의 대표작들이 탄생했다.

❽ 바덴의 베토벤하우스 오스트리아
음악적 이상의 완성

청력을 완전히 상실한 베토벤이 마지막 교향곡 〈합창〉을 작곡한 곳이다. 〈합창〉은 구상부터 완성까지 약 30년이 걸린 것으로 알려졌다. 베토벤은 기악으로 이루어진 교향곡에 성악을 추가함으로써 자신이 추구하는 평화, 인류애 같은 보편적인 가치를 음악으로 드러내고자 했다. 악보는 최초로 이 곡이 유네스코 세계문화유산에 등재되었다.

일러두기

— 미술, 음악, 영화 등의 작품명은 홀화살괄호(〈 〉), 신문, 잡지는 겹화살괄호 《 》), 시, 단편
 소설, 희곡, 연극은 홑낫표 (「 」), 단행본, 장편소설은 겹낫표 (『 』)로 표기했다. 음악의 악
 장 제목은 작은따옴표(' ')로 표기했다.
— 이 책에 소개된 주요 음악을 감상할 수 있도록 QR 코드를 삽입했다. 코드를 스캔하면 음악
 을 들을 수 있는 온라인 페이지로 연결된다.
— 외래어 표기는 국립국어원의 외래어표기법을 따랐으나, 통용되는 일부 표기는 허용했다.

베토벤

×

최은규

절망의 심연에서 불러낸 환희의 선율

arte

교향곡 〈영웅〉의 악보와 베토벤이 사용했던 보청기

1800년 무렵부터 귀가 잘 들리지 않았던 베토벤은 주변 사람들과 필담으로 이야기를 나누었으며, 1816년경부터는 보청기를 사용하기 시작했다고 한다. 그는 청력 상실이라는 운명을 감내하며 작곡가로의 길을 선택하여 음악에 더욱더 전념했다. 베토벤 예술의 전환점을 가져온 '하일리겐슈타트의 유서' 이후에 나온 〈영웅〉은 그의 대표작이자 교향곡의 새로운 이정표를 제시한 작품이다.

CONTENTS

왜 베토벤인가

사람들은 내게 "왜 베토벤인가?"라고 묻는다. 그러나 조금만 생각해본다면 당연히 베토벤일 수밖에 없다. 베토벤이 이 땅에 태어난 지 250년이 되었지만 그의 음악은 지금도 전 세계 콘서트홀에서 가장 자주 연주되며 클래식 애호가들에게 많은 사랑을 받을 뿐만 아니라, 일반 대중들에게도 친숙하다. 일찍이 서양 고전음악 역사상 베토벤만큼 성공을 거둔 음악가가 있었는가? 생전에는 '자유음악가'로서 자신의 개성을 담은 음악을 마음껏 작곡해 신분의 고하를 막론하고 청중에게 자신의 취향을 '강요'했다. 음악을 전공해 직업으로 삼은 내게 베토벤은 가장 훌륭한 롤모델이다. 그가 어떻게 진지하고도 엄숙한 클래식음악으로 그런 큰 성공을 거머쥘 수 있었는지, 250년간 지속된 베토벤 음악의 끈질긴 생명력의 원천은 무엇인지, 그 비밀을 파헤치고 싶었다.

소수의 배운 사람들이나 이해할 수 있는 클래식음악으로 베토벤만큼 성공을 거둔다는 것은 예나 지금이나 매우 어려운 일이다. 게다가 클래식음악은 큰 수익을 창출해내지 않으므로 후원이 필수적이다. 오늘날 세계적으로 이름난 연주자라고 하더라도 순수한 음악활동만으로 생계를 유지할 수 있는 사람은 아마도 열 손가락에 들 것이다. 일찍이 세계적인 첼리스트 슈타커János Starker가 "독주자로 먹고살 수 있는 첼리스트는 로스트로포비치Mstislav Rostropovich와 요요마Yo-Yo Ma 정도"라고 말한 적이 있을 정도로, 어마어마한 명성을 얻은 소수만이 직업 연주자로서 생계유지가 가능하다. 이는 베토벤이 음악가로 활동하던 빈에서도 마찬가지였다.

18세기 후반에서 19세기 초까지 빈에서는 상공업으로 돈을 번 신흥자본가들이 득세하면서 귀족들의 문화를 향유하기 시작했다. 반면에 정치적·경제적 변화를 따라가지 못한 귀족들은 파산 위기에 처해 있었으므로, 자신들이 그토록 중요시하던 음악 후원의 규모를 줄일 수밖에 없었다. 귀족들이 저택에 오케스트라를 소유해 연주회를 열던 시대는 지나갔다. 빈의 최상류층 귀족들은 소수의 비범한 비르투오소 연주가들을 집중 후원해 중산층 후원자들과 차별화되는 품격을 나타내고자 했다. 사정이 이렇다 보니 후원이 절대적이었던 빈의 음악가들 사이의 경쟁은 매우 치열해질 수밖에 없었다. 소수의 선택된 음악가들만이 귀족들의 후원을 받는 특권을 누릴 수 있었다. 그 소수 중 하나가 바로 베토벤이었다.

베토벤은 대중적으로도 성공한 음악가였다. 그의 작품은 귀족들의 살롱에만 머무르지 않았고, 수많은 청중이 모인 극장에서 공연되어 박수갈채와 환호를 받았다. 그는 음악에 조예가 깊은 귀족들뿐 아니라 대중들에게까지 자신의 음악을 전파할 수 있었던 최고의 인기 작곡가였다. 그가 '연주'가 아닌 '작곡'으로 이런 성공을 거두었다는 것이 놀랍기만 하다. 물론 베토벤은 뛰어난 피아니스트였지만 연주 생활을 더 이상 계속할 수 없는 비극적인 운명을 감내해야 했다. 20대 후반에 찾아온 귀의 이상으로 피아노 연주 생활을 줄이고 30대 이후에는 작곡 활동에 주력했다. 점점 악화되는 청력에 불안감을 느끼고 홀로 침묵 속에서 작곡에 매진하며 그는 점점 더 비사교적인 인물이 되어갔다.

　고금을 불문하고 작곡가로 성공하는 것은 연주자로 성공하는 것보다 훨씬 어렵다. 또한 연주자로 성공한다 해도 치열한 경쟁 속에서 연주회마다 큰 부담을 느끼며 살아가야 한다. 오늘날 빡빡한 공연과 연습 일정을 소화해야 하는 오케스트라 단원들의 생활은 옛 궁정음악가들의 생활을 떠올리게 한다. 작곡에 집중할 시간적 여유도 없이 개인 시간을 희생하며 생계를 위해 레슨이나 강의를 해야하는 이 시대 작곡가들의 삶 역시 예전과 달라진 것 같지 않다. 어쨌든 생계를 유지해야 하므로 개인 레슨을 그만둘 수는 없고, 그런 와중에 시간을 쪼개어 창작 활동에 매진하고자 하지만 시간은 늘 부족하고, 독창적인 작품 창작에 집중하고 싶은 열망만 커질 뿐이다. 베토벤 시대의 피아니스트들이 불꽃 튀는 연주 대결을 벌였듯 지금도 젊은 음악가들이 여러 콩쿠르 무대에서 치열한 경쟁을 벌이며 명성을 얻고자 한다. 내게도 음악가로서 성공을 꿈꾸며 치열하게 연습하고 작품을 공부하던 열정적인 시절이 있었다. 그때의 열정을 되살려 이번 베토벤 여행을 계획했다. 베토벤의 발자취를 따르다 보면 나의 음악 인생에도 어떤 해답을 얻을 수 있을 것 같았다. 특히 베토벤과 똑같이 '70년생'인 나에게 그는 삶의 중요한 순간마다 내가 나아가야 할 길을 안내해주는, 심리적으로 매우 가까운 음악가다. 나는 인생에서 갈림길에 설 때마다 '베토벤은 내 나이 때 무엇을 했을까?'라고 질문해보고는 했다. 불멸의 위대한 작곡가와 나의 음악 인생을 비교한다는 것이 맞지 않는 일일 수도 있지만, 베토벤 역시 천재이기 이전에 성공을 꿈꾸며 고민했던 생활인이었다는 점을 떠올리며 잠시 나의 경험에 비추어 살펴보았다. 그때마다 나는 베토벤과 함께 있는 듯한 기분을 느꼈다.

1792년 스물두 살의 청년 베토벤이 당대 음악계의 중심지인 빈으로 건너가 본격적인 자유음악가의 삶을 시작했던 것처럼, 나 역시 스물두 살 때 음대를 졸업하고 바이올리니스트로 오케스트라에 합류해 본격적인 음악가의 길을 걸었다. 당시 베토벤이 비르투오소 피아니스트로서 귀족들의 살롱에서 현란한 연주를 선보이면서도 하이든과 같은 거장에게서 음악을 사사하면서 실력을 쌓았던 것처럼, 나 역시 연주 활동과 음악 작품 공부를 병행하며 대학원 진학을 준비했다. 1803년에 서른세 살의 베토벤이 음악사에 큰 획을 그은 교향곡 〈영웅〉을 본격적으로 작곡하던 바로 그 나이가 되었을 때 나는 오케스트라의 바이올리니스트로서 국내 음악계 최초로 말러 교향곡 전곡을 완주해내며 큰 보람을 느꼈다. 그러나 오랜 연주 생활과 무리한 연습으로 척추와 경추가 심하게 휘어 오른팔이 말을 잘 듣지 않게 되면서 바이올린을 연주하기 힘들어졌다. 마치 베

토벤이 청력 이상으로 피아노를 잘 연주할 수 없게 된 것처럼 내게
도 비슷한 일이 찾아온 것이다. 결국 베토벤이 귓병 때문에 피아노
연주 대신에 작곡에 매진했듯이, 나 역시 바이올리니스트의 길을
접고 음악 대중 강연과 방송, 글쓰기로 직업을 바꿀 수밖에 없었다.
무려 200년의 시차와 국적, 환경의 차이에도 불구하고 음악가로서
내가 살아가는 방식은 베토벤과 닮은 듯 보인다. 그렇기 때문에 더
더욱 베토벤이 음악가로서 얻은 자유가 부러울 수밖에 없다.

　'베토벤은 어떻게 자유음악가로 성공할 수 있었는가?'라는 질문
에 대한 해답을 얻기 위해 떠난 이번 여행은 베토벤의 탄생지인 본
에서부터 시작하기로 했다. 베토벤과 관련된 주요 도시들이 더 있
는지 살펴보니 방문할 도시의 목록은 생각보다 간단했다. 베토벤은
여행을 좋아하지 않았고 정착해서 살았던 곳도 그리 많지 않았기
때문이다. 베토벤의 고향 본과, 그의 주 활동 무대였던 빈, 귓병을
비관하며 잠시 머물렀던 하일리겐슈타트, 그리고 그가 말년에 머물
렀던 빈 근교의 바덴 등을 방문하기로 했다. 빈에 살던 베토벤이 연
주 여행을 위해 당대 문화의 중심지였던 프라하, 드레스덴, 라이프
치히, 베를린으로 떠난 적이 있는데, 그 도시들 중에서 그가 비교적
오래 머무른 프라하도 방문하기로 했다. 평소 각별하게 생각한 〈영
웅〉의 자필 악보가 그곳에 보관되어 있다고 하니, 기꺼이 가고 싶었
다. 계획을 꼼꼼히 짠 후 드디어 여행길에 올랐다. 쉴 틈 없이 바쁘
게 돌아가는 일정 가운데서 간신히 9일간의 금쪽같은 시간을 빼낼
수 있었던 그해 여름, 유난히도 무더웠고 내 몸은 지독한 인후염으
로 기진맥진한 상태였지만 베토벤을 만날 생각에 새로운 힘이 솟아

발걸음만은 가벼웠다.

나는 베토벤 삶의 흔적을 좇으며 그가 어떤 음악가였고, 하이든과 모차르트와 달리 궁정에 얽매인 음악가가 아닌 천재적인 자유음악가로서 어떻게 성공을 쟁취했는지를 살폈고, 그에 대한 내 나름대로의 답을 총 6장에 걸쳐 정리했다.

1장은 빈에서 성공적인 음악가로 주목받기 시작하는 순간에 청력 이상을 비관하며 죽음을 생각하던 30대 초반 베토벤의 초상으로 시작한다. 베토벤을 죽음으로 인도하는 대신 더욱 강력하고 영웅적인 음악을 쓰도록 이끌었던, 하일리겐슈타트에서 쓴 유서 이야기와 함께 그만의 독창적이고 영웅적인 음악의 기원을 그의 어린 시절로 거슬러 올라가 살펴본다. 2장에서는 베토벤의 흔적이 남은 본의 장소들을 중심으로, 그가 음악가로 성장하는 데 도움을 준 독서회와 발트슈타인 백작, 하이든과의 운명적인 만남에 대해 이야기하면서, 쾰른 선제후 궁정의 음악가로 일하던 그가 어떻게 빈으로 갈 수 있었는지 그 배경을 담았다.

베토벤이 궁정음악가가 아닌 자유음악가로서 성공가도를 달릴 수 있게 된 과정이 3장과 4장의 주된 내용이다. 빈의 뛰어난 음악가들 사이에서 그가 어떻게 자리를 잡을 수 있었는지, 빈 최상류층 귀족들의 비호를 받을 수 있었던 까닭을 당시 정치적·문화적 상황과 결부시켜 살펴보았다.

5장에서는 하일리겐슈타트 유서 이후에 더 강력한 영웅주의 음악을 쏟아내며 빈 최고의 음악가로서 대중의 사랑을 받게 되는 이야기를 그렸다. 마지막으로 6장에서는 베토벤이 교향곡 〈합창〉을 비롯한 말년의 걸작들을 완성한 바덴을 방문해, 완전한 청력 상실의 고통 속에서도 결코 운명에 굴복하지 않고 새로운 양식의 작품들을 작곡한 그의 마지막 자취를 담았다.

베토벤의 탄생을 기념하는 베토벤 축제
베토벤의 고향 독일 본에서는 매년 그의 탄생일을 기념하는 축제와 각종 음악회가 개최된다.
예술가들은 진지함에서 벗어나 유쾌한 퍼포먼스들을 선보이기도 한다. 이 사진은 2012년에
열린 베토벤 축제의 한 장면이다.

세상을 떠들썩하게 할
음악가의 탄생

영광의 순간에 고통의 나락으로

1800년 4월 2일, 빈의 부르크극장에서 베토벤의 인생을 바꾸어 놓은 음악회가 열렸다. 그는 이 음악회에서 교향곡 1번을 발표함으로써 단순히 피아노의 명수가 아닌 '관현악 작곡가'로서의 능력을 보여주었다. 공연 프로그램에서도 그의 야심이 드러났다. 먼저 모차르트의 교향곡이 연주된 후 하이든의 오라토리오 〈천지창조〉 중 아리아와 2중창이 공연되었다. 그러고 나서 그의 신작 〈7중주곡 E플랫장조〉(Op. 20)와 〈교향곡 1번 C장조〉(Op. 21)가 무대에 올랐다. 이 음악회에서 베토벤은 위대한 작곡가 반열에 오른 두 거인의 작품들과 함께 자신의 신작을 발표함으로써 자신을 그들과 어깨를 나란히 하는 음악가로 끌어올린 셈이다.

1792년 빈에 도착할 당시만 하더라도 무명의 음악가에 불과했던 베토벤은 최상류층 귀족들의 살롱에서 두각을 드러내며 그들의 강력한 지지하에 첫 번째 작품을 출판하고 성공적인 해외 연주 여행을 마치는 등 입지가 달라졌다. 하지만 아직 그의 명성은 최상류층 귀족 그룹에서 높았을 뿐 대중적으로 성공을 거둔 것은 아니었다. 베토벤으로서는 대중들에게 자신을 각인할 만한 무대가 절실했다. 게다가 그가 출판한 초기 작품들에 대한 언론의 평가 또한 호의적이지만은 않았으니, 작곡가로서 좀 더 인정을 받을 필요가 있었다. 이런 상황에서 베토벤은 대규모 음악회를 통해 자신의 능력을 황제 앞에 보임으로써 안정적인 궁정악장의 자리를 얻게 되리라는 희망도 품고 있었던 것 같다.

이날 부르크극장에서 공연된 〈교향곡 1번 C장조〉에 대해 《일반음악신문 Allgemeine musikalische Zeitung》은 "대단한 예술, 새로운 작품, 아이디어의 충만함"이라고 평했다. 불과 몇 년 전까지만 하더라도 베토벤의 작품을 혹평하던 언론들조차 찬사를 아끼지 않았으며, 그에 대한 태도도 호의적으로 바꾸었다. 전에는 혹평의 근거가 되기도 했던 베토벤 음악의 '독특함'이 이제는 칭찬의 근거로 뒤바뀌기 시작했다. 베토벤 작품의 독창적인 면은 언제나 찬반양론을 불러일으키기 일쑤였지만, 1803년 즈음에는 개별 작품에 대한 평가를 떠나 '베토벤'이라는 이름만으로도 강력한 힘을 발휘했다. 베토벤의 제자 리스 Ferdinand Ries는 당시 상황에 대해 "대부분의 사람들에게 베토벤, 그 이름 하나면 충분했다. 작품이 아름답고 완벽하든 혹은 평범하거나 좋지 않든 간에 그 이름이면 충분했다. 하루는 내 머릿속에 떠오른 행진곡 주제를 피아노로 연주하고 있었는데, 한 나이 많은 백작부인이 오더니 이 곡이 베토벤의 신작인 줄 알고 존경을 표하는 것이 아닌가. 나는 장난기가 발동하여 이 곡이 베토벤 음악이

구스타프 클림트, 〈옛 부르크극장의 객석〉(1888~1889)

1800년 4월 2일에 빈의 부르크극장에서 열린 공연은 하이든과 모차르트의 뒤를 잇는 음악가가 되겠다는 베토벤의 야심 찬 포부를 보여준 무대였다. 이 음악회를 기점으로 그는 피아노의 명수가 아닌 교향곡 작곡가로서 두각을 드러내기 시작했다. 새로운 천재의 등장을 알리는 현장에 있었던 당시 빈 청중들의 반응은 어떠했을까. 클림트의 작품 속 인물들처럼 설렘과 경이로움에 가득 찬 모습이 아니었을까 하고 생각해본다.

라는 확신을 그들에게 심어주었다"라고 증언했다.

사정이 이렇다 보니 베토벤의 작품에 존경을 표하든 혹은 심하게 비난하든, 그의 음악에 대해 말하고 글을 쓰는 이들은 그의 명성을 더욱 높여주었고, 이제 '베토벤'이라는 이름에 담긴 무게감은 실로 대단했다. 그 누구도 베토벤이 위대한 작곡가라는 사실에 의문을 제기할 수 없었다. 그러나 성공을 향해 나아가고 있을 이 무렵에 베토벤은 귀가 점차 들리지 않는 고통 속에서 음악가로서 최대의 위기에 봉착하게 되었다.

자존심이 강했던 베토벤은 귀가 들리지 않는다는 사실을 감추기 위해 애를 썼다. 주변 사람들은 간혹 그가 말을 잘 알아듣지 못한다는 사실을 눈치챘지만, 그의 산만한 성격 탓이려니 했다. 그는 더 이상 숨길 수 없을 정도로 증상이 악화되어서야 절친한 친구 베겔러 Franz Gerhard Wegeler와 아멘다Carl Amenda에게 사실을 털어놓는다. 1800년 6월 1일에 아멘다에게 보낸 편지에는 비탄과 절망에 빠진 베토벤의 심경이 낱낱이 드러난다.

자네가 나와 함께 있어주기를 얼마나 바라고 있는지 몰라. 그대의 베토벤은 지금 매우 불행하다네. 나는 지금 자연과 창조주와 다투고 있어. 특히 그의 창조물에게 가장 적은 기회만 허락하는 창조주를 저주하고 있다네. 덕분에 이토록 싱싱한 봉오리가 뭉개지고 파괴되었다네. 나의 가장 귀한 부분이라고 생각하는 청력이 약해지고 있어. 이미 자네가 나와 함께 있을 때 그런 낌새를 느꼈겠지만 난 아무 말 하지 않았지. 이제 그 증세가 더 심해지고 있네. 치료될

가능성도 없어 보인다네.

베토벤은 귓병을 고치기 위해 별의별 방법을 다 썼다. 냉수욕을 하고, 아몬드 기름 혹은 무엇인지 확실치 않은 추출액을 귀에 바르고, 다양한 약초를 배에 문질렀다. 심지어 전기요법으로 병을 치료하려는 위험천만한 시도도 했다. 그럼에도 차도가 전혀 없자 그는 일말의 기대감을 안고 슈미트Johann Adam Schmidt 박사의 충고에 따라 빈의 시끌벅적한 소음으로부터 멀리 떨어진 한갓진 시골 마을 하일리겐슈타트Heiligenstadt로 갔다.

하지만 베토벤은 이곳에서 죽음을 생각할 정도로 우울감을 느끼고, 급기야 1802년에는 자신의 귓병을 비관하며 동생들 앞으로 유서에 가까운 편지를 남겼다. 이 글은 흘려 쓴 필체 때문에 내용을 잘 알아보기는 힘들지만, 그 당시 그가 느꼈을 고통만은 고스란히 전해준다. 심하게 흘려 쓴 글씨가 두 페이지 반 정도를 빼곡하게 채우고 있는데, 내 눈에는 그 글자들이 베토벤의 눈물 자국처럼 보인다. '하일리겐슈타트의 유서'라고 알려진 그의 편지는 이렇게 시작한다.

오, 그래, 사람들은 내가 못되고, 고집스럽고, 혹은 사람을 싫어한다고들 말하지만, 그것은 매우 잘못 알고 있는 것이다. (…) 나는 세상과 단절된 채 외롭게 지내야 했다. 고독 속에서 이 모든 것들을 잊으려 애썼다. 이중으로 고통을 받아야 하는 것이 얼마나 가혹한 일인지 몰라. 잘 안 들리는 것도 고통스럽지만, 사람들에게 내 귀가 먹었으니 좀 더 크게 말해달라고 부탁할 수 없다는 사실도 괴롭다.

아, 다른 누구보다 더 완벽해야 할 청각에 장애가 있다는 사실을 내가 어떻게 받아들일 수 있겠느냐.

한 문장 한 문장 고통으로 가득하다. 중간중간에 있는 감탄사들은 마치 그가 내뱉는 신음처럼 들린다. 그런데 절망 속에서 편지를 쓰던 베토벤은 이내 자신의 사명이 무엇인지 깨닫는다. 당장이라도 스스로 목숨을 끊을 것만 같은 절망감으로 시작된 편지에는 오히려 죽을 수 없는 명백한 이유가 드러나 있다. 예술이 자신을 살아가게 할 원동력이고, 자신이 원하는 모든 음악을 만들기 전에 죽는다는 것은 불가능하다는 사실을 깨닫게 된 것이다.

이런 일이 좀 더 계속되었다면 나는 진즉에 삶을 끝냈을 거다. 오직 예술만이 나를 지탱해주었다. 아, 내가 원하는 것들을 모두 다 만들 때까지 이 세상을 떠난다는 일은 불가능할 것 같구나.

베토벤은 편지 말미에 유산 상속까지 거론하면서 죽음을 준비하는 사람처럼 편지를 마무리하고 봉인한다. 그리고 그 아래에 "내 동생인 카를과 … 〔요한〕에게, 내가 죽은 뒤 이를 읽고 그대로 시행하

하일리겐슈타트에서 쓴 유서
요양을 위해 빈 근교의 한적한 마을 하일리겐슈타트로 간 베토벤은 자신이 처한 상황을 비관하며 유서에 가까운 편지를 썼다. 그러나 그는 청력 상실이라는 예기치 않은 고난에 굴복하지 않고, 더욱더 과감하고 대담한 작품들을 거침없이 써 내려가며 가혹한 운명에 맞섰다. 그 후 대표작인 〈영웅〉과 〈운명〉이 탄생했다.

도록 해라. 하일리겐슈타트, 1802년 10월 10일. 이렇게 나는 너희에게 작별을 고한다"라는 내용의 절망적인 글을 덧붙였다. 그러나 그가 카를의 이름 다음에 요한의 이름은 빈칸으로 남긴 채 수신자를 명확하게 표시하지 않았기 때문에 유서는 법적인 효력을 발휘할 수 없었다. 물론 베토벤은 이 편지를 부치지도 않았고, 이 편지는 그의 사후에야 발견되었다.

아마도 베토벤은 이 절망적인 편지를 쓰는 동안 오히려 자신이 살아야 할 이유를 발견하고는 편지를 보내지 않았을지도 모른다. 어쩌면 이 편지는 처음부터 '유서'로 작성되었다기보다는 그의 '영혼의 독백'이라고 보는 것이 옳을 수도 있다. 죽음을 생각하며 편지를 쓰는 동안 베토벤은 내면의 목소리를 듣고, 자신의 영혼이 진정으로 원하는 것이 무엇인지를 깨달았으니까 말이다.

베토벤이 하일리겐슈타트의 작은 집에서 쓴 편지는 그를 죽음으로 인도하는 대신 더욱 강력하고 영웅적인 음악을 쓰도록 이끌었다. 귓병으로 인해 피아니스트로서의 안정된 삶을 버려야 했던 그는 위기를 겪은 후 작곡에 더욱 매진하여 걸작들을 쏟아내기 시작했다. 부제를 통해 널리 알려진 〈교향곡 3번 E플랫장조 영웅〉(Op. 55)과 〈피아노협주곡 5번 E플랫장조 황제〉(Op. 73) 그리고 〈피아노 소나타 23번 f단조 열정〉(Op. 57) 등 그의 웅장하고 역동적인 성격의 작품들이 1802년 이후에 탄생했다는 사실을 우연이라고 보기는 힘들다. 유서에서 밝힌 대로, 그는 유서를 작성한 후 내면에 있는 예술을 불러내기 시작했다. 그는 음악가로서 최악의 상황에 직면한 바로 그 순간 굴욕과 패배를 영광과 승리로 돌렸던 것이다.

영혼의 독백, 하일리겐슈타트에서 쓴 유서 전문

동생 카를과 … 〔요한〕* 베토벤에게

오, 그래, 사람들은 내가 못되고, 고집스럽고, 혹은 사람을 싫어한다고들 말하지만, 그것은 잘못 알고 있는 것이다. 너희는 그 비밀을 알지 못한다. 어린 시절부터 내 가슴과 정신은 선한 의지에 대한 부드러운 감정에 이끌렸고 대단한 일을 이루고자 열망했지. 그러나 지난 6년간 나는 절망적인 상황에 처했고 무능한 의사들 때문에 악화되었다. 그들은 몇 년간 내 증세가 나아질 것이라며 나를 속였다. 결국 이것이 계속될 병이라는 사실을 깨닫게 되었다.(여러 해 치료가 필요하거나 혹은 치료 가능성이 없어 보이는구나.) 이 때문에 열정적이고 활기찬 기질을 타고난 데다 사교계의 흥밋거리에 끌리던 나는 세상과 단절된 채 외롭게 지내야 했다. 고독 속에서 이 모든 것들을 잊으려 애썼다. 이중으로 고통을 받아야 하는 것이 얼마나 가혹한 일인지 몰라. 잘 안 들리는 것도 고통스럽지만, 사람들에게 내 귀가 먹었으니 좀 더 크게 말해달라고 부탁할 수 없다는 사실도 괴롭다. 아, 다른 누구보다 더 완벽해야 할 청각에 장애가 있다는 사실을 내가 어떻게 받아들일 수 있겠느냐. 한때는 누구보다도 가장 높은 수준의 완벽한 귀를 가지고 있었는데, 음악가들 중에서 이 정도로 완벽한 귀는 거의 없다고 할 정도였는데 말이다. 오, 그래서 너희와 어울리고 싶어도 자리를 피할 수밖에 없는 나를 용서해다오. 나의 불행은 나를 이중으로 고통스럽게 하는구나. 동료들과 함께 어울리지도 못하고, 세련된 대화를 나누거나 생각을 교환하기도 어려워 오해를 불러일으키곤 하지. 최소한의 의사소통만 가능할 뿐이야. 나는 추방당한 사람처럼 외로이 있어야 한단다. 사람들을 가까이 할 때면 내 상태가 알려지게 될까 두려움에 사로잡힌다. 지난해 이 시골에서 보내는 동안 이렇게 살았단다. 유능한 의사는 내가 처한 상황을 고려해 최대한 귀를 쉬게 하라고 권유했지. 간혹 사교계에 나가고 싶은 열망이 일 때마다 굴욕감을 느끼지만 말이다.

내 옆에 있는 사람은 먼 곳에서 들려오는 플루트 소리를 듣는데 내게는 아무런 소리도 들리지 않고, 어떤 이에게 목동의 노랫소리가 들릴 때 내 귀에는 아무것도 들리지 않는다는 사실이 얼마나 끔찍한 굴욕인가. 그런 상황이 나를 절망으로 내모는구나. 이런 일이 좀 더 계속되었다면 나는 진즉에 삶을 끝냈을 거다. 오직 예술만이 나를 지탱해주었다. 아, 내가 원하는 것들을 모두 다 만들 때까지 이 세상을 떠난다는 일은 불가능할 것 같구나. 그래서 나는 이 비참한 삶을 견디고 있다. 진정 불쌍하다. 예민한 육체에 이런 갑작스러운 변화가 찾아와 최상의 상태에서 가장 나쁜 상태로 내동댕이쳐질 수 있으니까. 인내, 이것이야말로 내가 따라야 할 길이라고들 하지. 나는 그렇게 참아왔다. 운명의 여신이 내 생명의 줄을 끊을 때까지 이 결심이 계속 유지되기를 바란다. 아마도 좋아지거나 혹은 더 나빠질 수도 있지만, 나는 준비되어 있다. 스물여덟 살에 나는 벌써 철학자가 되기를 강요받았다. 오, 이것은 쉽지 않아. 그 누구보다도 예술가에게는 말이야. 그대 전능한 존재여, 내 내면의 영혼을 들여다보소서. 당신은 제 마음이 인간에 대한 사랑과 선하게 살고자 하는 열망으로 가득 차 있다는 것을 누구보다도 잘 압니다. 오, 사람들이여, 언젠가 그대들이 이 글을 읽는다면 나를 부당하게 대한 것을 기억해주시오. 이 불행한 자가 스스로 위안을 받을 수 있도록 허락해주시오. 이 모든 천성적인 결함에도 불구하고 힘닿는 데까지 가치 있는 예술가들과 사람들에게 받아들여지기를 바랍니다. 나의 형제 카를과 … 〔요한〕 내가 죽은 뒤 슈미트 박사가 아직 살아 있다면 그에게 내 병의 경과를 적은 문서를 받아 여기에 첨부하여, 내가 죽은 뒤에라도 세상 사람들이 나를 이해할 수 있도록 해다오. 그와 동시에 너희 두 사람을 나의 작은 유산(그렇게 불릴 수 있다면)의 상속자로 지명한다. 공정하게 나누어가지고 서로 도와라. 너희가 내게 상처 준 일은 이미 오래전에 다 용서했다. 나의 형제 카를, 네가 최근에 보여준 애정에 대해 특히 감사를 표한다. 너의 삶이 나보다는 더 낫고, 더 자유롭기를 바란다. 그리고 네 아이들에게 인간을 행복하게 하는 것은 돈이 아니라 덕이라는 것을 가르쳐주거라. 이것은 내 경험에서 나온 것이

하일리겐슈타트에서 유서를 쓴 곳

다. 불행에서 나를 견디게 한 것이 바로 덕이었다. 그 덕택에 그리고 예술 덕분에 나는 내 삶을 자살로 끝내지 않을 수 있었다. 잘 있거라. 그리고 서로 사랑해라. 나는 내 모든 친구들, 특히 리히노프스키 후작과 슈미트 박사에게 감사한다. 리히노프스키 후작에게서 받은 악기는 너희 중 한 명이 간직했으면 좋겠지만, 이 악기 때문에 다투어서는 안 되니 만약 팔아버리는 것이 낫다면 그렇게 해라. 무덤에서라도 너희에게 도움이 된다면 나는 기쁠 것이다. 즐겁게 죽음을 향해갈 수 있을 것 같다. 만일 나의 예술적인 모든 능력을 발휘할 기회를 얻기 전에 죽음이 온다면 내 잔혹한 운명을 감안하더라도 이 죽음은 너무 이른 것이 되겠지. 죽음이 나중에 찾아오기를 바라지만, 일찍 죽음을 맞이한다 해도 불만은 없을 것이다. 죽음이 결국 나를 끝없이 고통스러운 상태에서 해방시켜주는 것 아니겠는가. 죽음이여, 올 테면 와라. 그대를 용감하게 맞으리라. 안녕히 그리고 내가 죽더라도 날 잊지 말아라. 내게는 그럴 만한 자격이 있다. 평생 너희가 어떻게 행복할 수 있을지 궁리해왔으니 말이다. 너희 행복하거라.

루트비히 판 베토벤〔봉인〕

하일리겐슈타트
1802년 10월 6일

내 동생 카를과 … 〔요한〕에게, 내가 죽은 뒤 이를 읽고 그대로 실행하도록 해라.

하일리겐슈타트, 1802년 10월 10일. 이렇게 나는 너희에게 작별을 고한다. 그리고 진정 슬프다. 그래, 가슴 벅찬 희망, 내가 이곳에 올 때만 해도 적어도 어느 정도는 치료되리라는 희망을 안고 왔는데, 나는 완전히 포기할 수밖에 없다. 가을에 낙엽이 지고 시들어버리듯 희망도 그렇게 사라졌다. 나는 간다. 아름다운 여름날 내게 영감을 일깨우던 드높은 용기마저 사라졌다. 오, 섭리여, 적어도 단 하루만이라도 순수한 즐거움을 허락해줄 수 있는가. 진정한 기쁨이 이 마음속에 메아리친 지도 매우 오래되었다. 오, 언제, 오, 언제, 오, 신성한 존재가 자연과 인간의 사원에서 그 환희를 다시 찾을 수 있을 것인가, 안 되려나. 오, 그것은 너무 가혹해.

* 베토벤은 동생 요한의 이름을 말줄임표(…)로 처리하여 생략했다. 독자들의 이해를 돕기 위해 생략된 요한의 이름을 써넣었다.

강직한 성품과 불의에 맞서는 용기

"시간이 좀 오래 걸리더라도 값싼 기차표로 하시죠."

"비싸도 좋으니 급행열차 표로 주세요. 빨리요!"

역무원의 친절에도 불구하고 나도 모르게 퉁명스럽게 말을 내쏘았다. 베토벤을 만나러 가는 시간을 1분, 아니 1초도 지체하고 싶지 않았다. 그는 독일 사람들은 저렴한 것을 더 좋아한다면서 값이 싼 기차표를 계속해서 권했고, 나의 다급한 마음을 알아주지 않는 그가 야속하게 느껴졌다. 더는 시간을 지체할 수 없었기에 그에게 자초지종을 이야기했고, 그제야 역무원은 프랑크푸르트에서 본으로 가는 급행열차 표를 내주었다.

다행히 해가 떨어지기 전에 본에 도착했다. 한때 서독의 수도였던 본은 18세기 후반에는 1만 명의 사람들이 살았던 평화로운 곳이었다. 쾰른 선제후뿐만 아니라 궁정 관리와 상인 들이 살고 있었고, '빈의 축소판'이라고 불릴 만큼 문화적으로도 번성해 있었다. 지금의 본은 인구수가 무려 32만 명으로 늘었는데, 이는 수도였을 당시 바트 고데스베르크Bad Godesberg와 보이엘Beuel 등의 주변 지역들이 본으로 편입된 것과 관련이 있는 듯하다. 본의 거리는 채소와 과일을 파는 상인들의 목소리, 잘 구획된 도로, 갖가지 물건들이 진열된 작은 상점들, 화사한 색으로 칠해진 여러 건물들로 채워져 있었는데 그 정경이 마치 베토벤의 음악처럼 조화로웠다.

이튿날 아침, 식사를 마치고 창밖을 보다가 우연히도 내가 머문 호텔 길 건너편에 베토벤 어머니의 묘소가 있다는 사실을 알게 되었다. 필연적으로 그녀에게 인사를 드리는 것으로 베토벤 여행을 시작할 수밖에 없는 이 상황이 반가웠다. 누구에게나 어머니는 가장 중요한 존재일 수밖에 없다. 베토벤에게도 마찬가지였으리라. 거장을 낳은 어머니의 묘소 참배로 시작하는 이번 기행은 틀림없이 잘되리라는 예감마저 들었다. 첫 인사를 드리는 자리인 만큼 목욕재계하고 검은색 정장을 차려입었다.

사실 베토벤의 어머니 마그달레나Maria Magdalena에 대한 기록은 많지 않다. 베토벤이 어머니를 어떻게 생각했는지에 대한 기록 또한 많이 남아 있지 않다. 그나마 대중적으로 널리 알려진 것이 그가 1787년 9월 15일에 아우구스부르크의 친지에게 보낸 편지에 적혀 있는 내용이다.

어머니는 훌륭하고 내게 친절했으며 최고의 친구였다. 아아! 어머니라는 아름다운 이름을 아직 부를 수 있고 그 부름을 듣고 대답할 사람이 있던 때보다 내가 더 행복한 때가 있을까?

어머니를 부르는 것만으로도 행복을 느꼈던 사람. 거장 베토벤도 어머니에 대해서는 여느 평범한 사람들과 똑같았다. 말년의 베토벤은 언젠가는 고향 본으로 돌아가 어머니의 무덤을 보겠다는 소망을 품었다고 한다. 하지만 20대 초반 이후 빈을 중심으로 활동했던 그는 세상을 떠날 때까지 본으로 돌아오지 못했고, 어머니의 무덤도 두 번 다시 볼 수 없었다. 그런 베토벤의 심정을 떠올리며, 마치 그를 대신하여 고향의 어머니 묘소를 방문하는 마음으로 마그달레나의 무덤으로 향했다.

서양의 공동묘지는 으스스하다기보다는 아름답고 편안한 분위기를 자아낸다. 여러 성인들과 천사들의 조각상과 십자가가 있었고, 오래된 나무들이 뿜어내는 싱그러운 기운이 아침 공기를 정화하는 듯했다. 금방이라도 빗방울이 떨어질 듯 다소 흐린 날씨였지만 신선한 아침 공기를 가르며 조깅을 하는 사람도 눈에 띄었다.

마침내 마그달레나 무덤 앞에 섰다. 본이 낳은 최고 예술가의 어머니 묘소인 만큼 시에서 관리를 잘해주는 모양이었다. 분홍색의 아름다운 꽃으로 장식된 그녀의 무덤은 아담하면서도 안락해 보였다. 묘비에는 베토벤이 어머니에 대해 말했던 편지와 똑같은 구절 "어머니는 훌륭하고 내게 친절했으며 최고의 친구였다"가 새겨져 있었다. 베토벤 전기에는 마그달레나의 성품이 다소 무뚝뚝한 것으로 기록되어 있지만, 베토벤이 '최고의 친구'라고 묘사할 정도로 자식에게는 자상했던 모양이다.

많은 전기 학자들은 베토벤이 음악을 통해 보여준 윤리 의식과 강직한 성품이 어머니로부터 물려받은 것이라 말한다. 베토벤 스스로도 자신이 강조해온 윤리적 규범의식이 어머니의 영향 덕분이라고 말한 적이 있다. 실제로 그녀는 주변 사람들에게 존경받을 정도로 규범의식이 철저했다고 한다. 언제나 성실하고 근면한 태도를 잃지 않았으며 본에 큰 홍수가 났을 때도 솔선수범하여 뒤처리를 맡았고 말없이 집안의 모든 자질구레한 일들을 도맡았다. 그러나 결코 행복하지는 않았던 모양이다. 주변 사람들은 그녀가 웃는 모습을 보이는 일이 거의 없었고 항상 심각한 표정이었다고 기억했다. 아마도 불행한 결혼 생활이 그녀에게서 웃음을 앗아갔던 것일까? 알코올중독자였던 요한Johann van Beethoven과의 결혼을 후회했던 그녀는 때때로 결혼에 대해 부정적으로 말했다.

베토벤은 누군가 원칙대로 일 처리를 하지 않는 것을 지극히 싫어했으며, 한번 입 밖으로 내뱉은 말을 지키지 않는 것에 곧잘 화를 냈다고 한다. 이러한 태도는 어머니의 강직한 성품을 그대로 빼닮았다. 그의 음악 작품에서도 강한 윤리 의식과 불의에 맞서는 용기가 매우 강렬하게 드러난다. 그가 유독 에그몬트나 피델리오 등 불의에 맞선 영웅적인 인물들에 이끌려 영웅적인 성격의 음악을 작곡한 것도 우연은 아닌 듯하다.

〈에그몬트〉(Op. 84) 중 서곡 f단조는 오늘날 콘서트홀에서 가장 자주 연주되는 베토벤의 작품 중 하나다. 음악에 드러난 숭고함을 통해 그가 에그몬트의 강직한 용기에 완전히 매료되었음을 확연하게 알 수 있다. 이 서곡을 듣고 나서 실제 에그몬트의 이야기를 살펴보면 절로 고개가 끄덕여질 정도다.

에그몬트는 여러 전쟁에서 혁혁한 전공을 세워 금양모피훈장을 받는 등 사람들의 칭송을 한 몸에 받던 귀족이다. 그의 조국 네덜란드는 스페인의 지배를 받고 있었는데, 비교적 평화롭던 나라는 독실한 가톨릭교도인 펠리페 2세가 왕위에 오르면서 격랑에 휘말린다. 펠리페 2세가 신교도들을 탄압하는 등 가톨릭 중심의 공포정치를 시행하자, 이에 저항하는 민중의 소요가 일어난다. 그러자 펠리페 2세는 철권정치로 저항을 뿌리 뽑으려는 계획을 세우고, 냉혹한 성격의 군인 알바 공작을 네덜란드의 총독으로 파견한다. 공작의 손에는

베토벤에게 영감을 준 에그몬트

베토벤은 대문호들의 문학작품을 탐독하며 영감을 얻고는 했는데, 그중 하나가 괴테의 희곡 「에그몬트」다. 16세기 중반 스페인의 지배에 항거했던 네덜란드 장군 에그몬트의 고아한 기상과 절개에 큰 감명을 받은 그는 에그몬트를 소재로 한 극음악을 작곡했다. 이 작품은 베토벤이 남긴 열한 편의 서곡 가운데 가장 유명하다.

〈에그몬트〉 서곡

'의심스러운 귀족을 처형할 수 있도록 왕이 서명한 사형선고장'이 쥐어 있었다. 알바 공작에게, 민중의 절대적인 지지를 받던 에그몬트는 눈엣가시 같은 존재였다. 공작은 회담을 하자는 명목으로 에그몬트를 불러내 체포하고는 1568년 반역죄로 기소한 뒤, 6월 5일 장터에서 참수형에 처한다. 그의 죽음을 계기로 각성한 민중들의 저항이 점차 거세지자 알바 공작은 네덜란드를 떠난다. 그리고 1581년, 마침내 네덜란드는 독립을 선언한다.

나라를 위해 숭고한 희생을 선택한 에그몬트의 이야기는 독일의 대문호인 괴테의 희곡과 베토벤의 음악으로 거듭났다. 괴테가 1789년에 첫선을 보인 연극 「에그몬트」는 당시에 음악이 없는 상태로 상연되었다. 그러다가 1810년에 빈의 부르크극장에서 「에그몬트」를 다시 상연하게 되면서, 극장 측에서 베토벤에게 음악을 의뢰했다. 괴테의 「에그몬트」가 재상연되던 1810년 6월 15일에 베토벤의 〈에그몬트〉도 초연되었다. 전곡은 서곡과 아홉 개의 극중 음악으로 구성되었고, 오늘날에는 서곡이 자주 연주된다.

〈에그몬트〉를 듣고 있노라면 도입부의 첫 코드에서부터 느껴지는 비극적인 절망감이 폐부를 찌른다. 템포가 빨라지기 시작하면 마치 핍박받던 네덜란드 사람들의 고통을 나타내듯 오케스트라의 첼로 선율이 신음 소리를 뱉어낸다. 첼리스트들의 연주가 절정에 달하는 순간 바이올린 주자들이 흡사 압제에 저항하듯 힘겹게 상행하는 선율을 연주하며 몸부림친다. 그러다가 어느 순간부터 바이올린 선율이 활기를 띠기 시작하면서 음악의 분위기가 긍정적으로 변모해간다. 그 선율은 꼭 "우리는 일어서야 한다"라고 말하면서 용기를 북돋워주는 것 같다. 곡의 마지막에 다다르면 놀라운 환희로 가득한 승리의 음악이 우리 마음을 가득 채운다.

마그달레나의 묘소에서 〈에그몬트〉 말미의 선율을 떠올리다 보니 어느덧 시간이 꽤 흘렀다. 정직하고 성실했지만 행복하지는 않았던 어머니 마그달레나. 베토벤에게 강인한 정신과 윤리 의식을 물려준 그녀는 비록 아들이 빈에서 눈부신 성공을 거두는 모습을 보지 못한 채 일찍 세상을 떠났지만, 아마도 〈에그몬트〉를 들었더라면 매우 마음에 들어했을 것이다.

오르간이 낳은 베토벤 칸타빌레

베토벤은 1770년 12월 16일에 우렁찬 첫 울음을 터뜨렸을 것이다. 그의 탄생일이 불분명한 까닭은 당시 갓 태어난 아기들이 태어난 다음 날이나 그다음 날에 세례를 받는 것이 일반적이었기 때문이다. 전기 학자들은 베토벤이 세례를 받은 1770년 12월 17일의 하루 전날인 16일에 태어났으리라 추정한다.

본가세Bonngasse 20번지에 있는 베토벤의 생가는 그를 사랑하는

베토벤의 생가

본 구시가지의 마르크트광장을 지나 좁은 골목길로 들어서면 베토벤이 태어나 어린 시절을 보낸 생가가 있다. 1889년 철거 위기에 놓였을 때 본 시민들이 기금을 마련해 베토벤의 생가를 구입하여 대대적인 보수를 마친 뒤 박물관으로 운영해오고 있다.

음악 애호가들에게 '성지'나 다름없는 곳이다. 지금은 박물관으로 운영되고 있는데, 이곳에 가면 그의 집안 환경, 그가 사용했던 악기, 그와 동시대에 활동했던 음악가 등 여러 정보를 얻을 수 있다. 숙소에서부터 지도 앱을 켜고 베토벤의 생가를 찾아 나섰다. 쉽게 찾을 수 있을 것이라는 기대와 달리 위대한 음악가의 성지는 눈에 잘 띄지 않았다. 하마터면 성지의 현관 앞을 지나칠 뻔하다가 간신히 생가 입구임을 알아차리고 안으로 들어갔다. 층마다 베토벤과 관련된 온갖 자료들이 눈을 사로잡아서 지루할 틈이 없었다. 베토벤은 이 집 꼭대기 층에 위치한 다락방에서 태어났는데, 방에는 그의 조각상만이 덩그러니 놓여 있었다. 방에서 나와 계단을 내려가다가 베토벤의 데드마스크가 전시되어 있는 것을 보고 등골이 서늘해졌다. 인간의 탄생과 죽음이 한 장소에 있었다. 그 순간 베토벤이 마지막에 외쳤다는 "친구들이여, 박수를 쳐라. 희극은 끝났다! 이렇게 될 거라고 내가 늘 말하지 않았는가!"라는 말이 떠올랐다. 위대한 음악가 베토벤도 태어난 그 순간부터 죽음을 향해가는 인간의 숙명을 피하지 못했다. 하지만 죽어가는 순간에 인생이 한 편의 희극이라 외칠 수 있었던 그는 적어도 인생의 본질을 어렴풋하게나마 알지 않았을까.

정작 베토벤의 삶을 가만히 들여다보면 그의 인생은 불행과 비극으로 점철되어 있었다. 1787년, 정신적 지주였던 어머니의 죽음은 베토벤의 가정과 음악 생활 모두에 큰 타격을 입혔다. 그의 재능을 알아본 선제후의 후원을 받아 모차르트에게서 음악을 배우기 위해 빈으로 떠난 베토벤은 어머니가 위독하다는 소식을 받고 본으로 되돌아와야만 했다. 그리고 얼마 지나지 않아 두 여성의 죽음을 지켜보았다. 그가 '최고의 친구'라 표현했던 어머니가 세상을 먼저 떠났고, 얼마 지나지 않아 어린 여동생 마르가레타Maria Margaretha가 숨을 거두었다. 베토벤은 열일곱 살에 죽음이 무엇인지 알았으며, 죽음을 모르는 자는 형편없다고 술회할 정도로 가족들의 죽음은 그에게 큰 충격을 주었다. 아버지는 아내와 딸이 세상을 떠난 후 알코올중독이 더 심해져서 거의 하루 종일 몽롱한 상태로 지냈다고 한다. 아직 성년도 되지 않은 베토벤은 아버지가 사고를 칠 때면 뒷수습하기 바빴고, 아버지를 체포하려는 경찰을 저지하는 한편 두 동생을 먹여 살려야 하는 소년 가장이 되었다.

생가에서 도보로 3분 거리에 베토벤이 유아세례를 받은 곳이자 그가 어린 시절에 오르간을 연주한 성레미기우스성당이 있다. 성당에는 무사히 도착했는데, 평일이어서 그런지 문이 잠겨 있었다. 당황하며 문 앞을 서성이고 있는데 한 친절한 독일인이 나타나 말을 거는 것이 아닌가? 아마도 이곳에서 일하는 사람인 듯했다. 그는 "베토벤 때문에 왔느냐?"라고 묻더니 고맙게도 성당 안을 둘러보며 사진을 찍을 수 있게 해주었다. 내가 다니는 성당보다 훨씬 작은 규모였지만 구석구석 살펴볼수록 마음이 끌렸다. 베토벤이 세례를 받았다는 성수반에 가장 먼저 눈이 갔다. 성수반 바로 위 창문의 스테인드글라스를 통해 쏟아져 들어오는 햇빛이 지금도 베토벤의 탄생을 축복하는 듯했다. 갖가지 길이의 파이프들이 빛나는 성가대석의 파이프오르간도 놓칠 수 없는 볼거리다. 형형한 눈빛의 소년 베토벤이 새벽 미사에서 이곳에 있던 오르간을 연주했으리라.

성레미기우스성당의 오르간

베토벤이 성레미기우스성당에 있는 지금의 오르간을 연주했던 것은 아니지만, 오르간석이 놓여 있는 저 자리에서 연주했다고 생각하니 가슴이 뛰었다. 훗날 빈으로 건너간 베토벤은 오르간 연주 스타일을 적용한 독특하고 환상적인 피아노 연주법으로 귀족들을 사로잡았다.

문득 베토벤의 전기를 읽다가 소년 베토벤이 오르간을 무척 좋아했다는 문장에 밑줄을 그은 기억이 떠올랐다. 베토벤에게 가장 중요한 악기는 당연히 피아노라고만 알던 내게 그가 오르간을 좋아했고 즐겨 연주했다는 사실은 신선한 충격이었다. 일찍이 베토벤이 빈으로 건너가 큰 성공을 거둘 수 있었던 것은 현란한 피아노 즉흥연주 덕분이었지 오르간 연주 때문은 아니었기 때문이다. 그런데 당대 사람들의 증언을 살펴보면, 베토벤의 피아노 연주법이 오르간 연주 방식과 매우 많이 닮았다고 한다. 즉 음과 음 사이를 연결하여 부드럽게 연주하는 '레가토legato' 주법이 오르간 연주의 영향이라는 것이다. 베토벤 시대의 피아니스트들은 주로 음과 음 사이를 분리해내며 정확하게 발음하는 식으로 연주하기를 좋아했다. 음 하나하나가 튀어 오르듯 짧고 경쾌하며 우아하게 표현되는 고전적인 피아노 연주법이었다. 다시 말해 레가토 주법과는 전혀 다른 주법을 지향했다. 모차르트 역시 이런 식의 연주를 좋아했다. 아마도 모차르트는 베토벤의 거칠고 격렬하며, 레가토 주법이 많은 오르간식 연주에 눈살을 찌푸렸을지 모른다. 베토벤도 모차르트의 피아노 연주에 대해 "잘게 다져놓은 것 같다"라고 말할 정도로 마음에 안 들어했다.

앞서 이야기한 것처럼 베토벤은 1787년에 선제후의 후원을 받아 모차르트를 만나러 빈으로 가지만, 어머니가 위독하다는 소식을 받고 고향으로 돌아와야만 했다. 다행히도 그는 본으로 돌아오기 전에 모차르트에게 피아노 연주를 선보일 수 있는 기회를 얻었다. 두 사람의 만남에 대한 이야기는 책마다 차이가 있지만 널리 알려진 일화를 소개하자면 다음과 같다.

모차르트가 베토벤에게 피아노 연주를 청하자 그는 준비해온 곡을 현란하게 연주한다. 모차르트는 그의 연주가 그리 마음에 들지 않았는지 의례적인 치사만 한다. 모차르트의 마음을 알아챈 베토벤은 그에게 주제 하나를 제시해주면 그에 맞는 즉흥연주를 해보이겠다며 매달린다. 모차르트는 마지못해 연주를 허락하고, 베토벤은 모차르트 스타일로 피아노를 연주하며 그의 관심을 끌기 위해 노력한다. 연주가 끝나자 모차르트는 주변 사람들에게 "이 사람을 주목하게. 언젠가 그는 세상을 떠들썩하게 할 거야"라고 말한다. 물론 이 일화에 대해서 확인할 길이 없다는 의견도 있으니, 모차르트와 베토벤의 만남에 대해서는 상상력을 좀 더 발휘해야 할 것 같다.

실제로도 모차르트가 베토벤의 격렬하고 열정적인 피아노 연주를 좋아했을 것 같지 않다. 사실 그가 아끼는 피아니스트는 따로 있었다. 바로 훔멜Johann Nepomuk Hummel이었다. 모차르트는 레슨비를 받지 않고 훔멜에게 음악을 가르칠 정도로 그의 연주법을 좋아했다. 훔멜은 고전적이고 명확한, 음 하나하나가 빛나는 피아노 연주를 선보였다. 베토벤은 그와 반대로 음과 음 사이를 연결해 선율선의 흐름을 강조하며, 격정적이고 거친 표현도 서슴지 않았다. 베토벤 식의 피아노 연주는 체르니Carl Czerny에게로 전수되었다. 이후 빈 청중은 모차르트를 닮은 훔멜 파와 베토벤을 닮은 체르니 파로 나뉘어 서로 대립했다고 하니, 그 당시 피아노 연주 스타일에 대한 사람들의 관심은 꽤 높았던 모양이다. 체르니는 모차르트와 베토벤의 피아노 연주법 차이에 대해 이렇게 전한다.

모차르트 앞에서 피아노를 연주하는 베토벤

베토벤의 첫 번째 빈 여행에 관한 자세한 기록은 남아 있지 않다. 다만 모차르트의 전기 작가
얀Otto Jahn에 따르면, 이 여행 중에 베토벤이 모차르트에게 피아노 연주를 선보였다고 한다.
두 천재가 만나는 광경을 상상만 해도 가슴 벅차며 짜릿하다.

모차르트는 레가토보다는 스타카토에 더 의존하는 명징하고 화려함을 특징으로 하는 연주와, 재치 있고 생기 있는 표현을 좋아했다. 페달은 거의 사용되지 않았고 꼭 사용해야만 하는 곳은 한군데도 없었다. 이에 반해 베토벤의 연주에서 두드러지는 면모는 특징적이고 열정적인 힘과 부드러운 칸타빌레가 주는 매력의 교차였다. 그는 완전히 새롭고 과감한 음향을 피아노에서 뽑아내었고, 그런 효과는 부분적으로는 페달의 사용 덕분이었지만, 엄격한 레가토를 사용한 화음에 의한 것이기도 했다. 그런 기법은 노래하는 듯한 새로운 유형의 톤이나, 예전에는 상상도 하지 못하던 여러 효과를 창출했다. 그의 연주는 활기 있고 거창했는데, 특히 낭만적인 감정으로 충만한 아다지오 작품에서 그러했다. 그가 작곡한 작품에서와 마찬가지로 그의 연주도 아주 수준 높은 음향 회화였으며, 순수한 음향적 효과를 위해 구상되었다.

— 제러미 시프먼, 『베토벤, 그 삶과 음악』, 김병화 옮김, 포노, 30~31쪽

스타카토(staccato, 음을 짧게 연주하는 주법) 스타일을 좋아한 모차르트와 레가토 스타일을 추구한 베토벤이라니, 두 사람이 사제의 연을 맺기에는 그리 좋은 조건이 아니었다. 많은 음악가들은 제자가 자신의 연주법을 그대로 전수하여 '계보'를 이어가기를 원한다. 그러니 모차르트가 베토벤을 제자로 받아들였다면 아마도 그의 연주법을 전부 뜯어고치려고 했을 수도 있다. 베토벤이 음악의 도시 빈에서 성공할 수 있었던 것은 독창적인 연주 스타일과 독보적인 즉흥연주 때문이었으니, 그가 모차르트에게서 피아노를 배우지 못한

것은 결과적으로 잘된 일인지도 모른다.

진정한 스승을 만나다

모차르트와 베토벤의 피아노 연주 스타일이 그토록 달랐듯, 그들의 어린 시절 역시 확연히 달랐다. 아버지로부터 체계적인 수업을 받고 음악 신동으로 자란 모차르트와 다르게 베토벤이 받은 음악교육은 '체계'라고는 전혀 없는 중구난방이었다. 그나마 다행이었던 것은 그의 가문이 음악가 집안이었기 때문에 어린 시절부터 자연스럽게 음악을 접할 수 있었다는 것이다. '루트비히'라는 이름이 같았던 할아버지Ludwig van Beethoven는 궁정악장이었고, 아버지 요한은 궁정의 테너 가수였다. 아버지는 베토벤에게 체계적으로 음악을 가르치지 않았을 뿐만 아니라 때로는 폭력까지 행사했다. 술에 취한 그가 베토벤을 모차르트 같은 신동 음악가로 만들기 위해 때려가며 가혹하게 피아노 연습을 시켰다는 일화는 너무나도 유명하다.

영화 〈불멸의 연인〉을 보면 어린 베토벤이 밤늦게 술을 마시고 집에 돌아온 아버지의 학대를 피해서 창문으로 도망쳐 밤거리를 미친 듯이 뛰어가는 장면이 나온다. 숨이 턱에 찰 때까지 열심히 달리던 그는 라인강으로 보이는 곳에 당도한다. 물 위에 몸을 띄우고 하늘을 바라보는 그의 모습이 수면에 비친 별들과 어우러지며 하모니를 이루는 순간에 교향곡 〈합창〉의 '환희의 송가'가 배경음악으로 깔리면서 그가 음악가로서 품었을 원대한 꿈이 감동적인 선율과 화면으로 표현된다. 영화 속 장면이지만 실제로도 있었을 법하다. 실제로 베토벤은 라인강 변 산책을 좋아했다고 한다. 불우한 유년시절을 보낸 그에게 산책할 때만큼은 오롯이 자신을 위한 시간이자 음악적 영감을 떠올리는 시간이었을 것이다. 베토벤이 하염없이 바라보았던 라인강과 강 너머의 세계는 어쩌면 그가 어렴풋이 느끼고 있던 내면의 예술적 영감을 투영한 이상 세계 그 자체였으리라. 기록에 따르면, 그는 다락방에서 망원경으로 라인강 너머 지벤게비르게 Siebengebirge를 바라보는 것을 기쁨으로 생각했다고 한다.

베토벤은 아버지의 폭력과 학대를 견뎌내며 힘들게 음악 공부를 했다. 어린 시절의 그는 불가사의할 정도로 오랫동안 피아노를 치고는 했다. 대개 선율을 즉흥적으로 변주하며 작곡을 하듯 피아노를 연주했는데, 그의 아버지는 아들의 이런 피아노 연주법을 그리 좋아하지 않았다고 한다. 쓸데없이 작곡이나 즉흥연주에 힘을 쏟기보다는 연주 기교를 갈고닦아서 단시간 내에 놀랄 만큼 뛰어난 피아니스트로 만들고자 했던 것이다. 심지어 그는 1778년에 베토벤의 나이를 여섯 살로 속여 자신의 제자인 아버동크 Helene Averdonck와 함께 음악회에 출연시키는 등 베토벤을 모차르트 같은 신동 음악가로 포장했지만, 사람들의 반응을 끌어내지 못했다. 결국 그는 혼자 힘으로는 어렵다고 생각했는지 술친구이자 괴짜 음악가인 파이퍼 Tobias Pfeiffer에게 베토벤의 음악교육을 맡긴다. 문제는 그 외에도 할아버지의 친구, 뮌스터대성당의 성직자로 일하던 오르가니스트들, 어머니의 사촌인 바이올리니스트 로반티니 Franz Rovantini 등 여러 음악가가 베토벤을 가르쳤다는 것이다. 이들이 각자 저마다의 스타일로 베토벤에게 음악을 가르쳤으니, 그가 이런 무질서한 교육 환경 속에서도 세계적인 음악가로 자란 것이 그저 놀라울 따름이다. 그런데 다르게 생각하면 오히려 이런 체계 없는 음악교육이 베토벤을 더욱 독창적인 음악가로 만들었을 수도 있다. 어린 시절부터 틀에 박히지 않은 자유로운 교수법을 통해 음악을 접했기 때문에 베토벤이 규율에 얽매이지 않고 열린 마음으로 음악을 바라볼 수 있었던 것은 아니었을까? 그가 혁신적인 작품들을 선보일 수 있었던 것도 어쩌면 어린 시절에 경험한 독특한 교육 덕분인지 모른다.

그러나 한 사람의 등장으로 베토벤에게 가해진 이런 무질서한 음악교육도 끝이 났다. 본 궁정의 오르가니스트였던 네페Christian Gottlob Neefe가 베토벤을 가르치게 된 것이다. 베토벤은 열한 살이 되던 1781년에 네페를 만나 가르침을 받았고, 이듬해에 그의 도움으로 궁정음악가가 되었다. 덕분에 그는 어린 나이에 직업 음악가의 세계에 입문할 수 있었거니와 명망 있는 후원자들을 만날 수 있었다. 이때 얻은 경험과 인적 자산은 훗날 베토벤이 빈에서 자유음악가로 활동하는 데 중요한 기반이 되었다.

여기서 잠시, 네페에 대해 짚고 넘어가자. 독일 켐니츠Chemnitz의 법률가 집안에서 태어난 네페는 가업을 잇기 위해 라이프치히대학교에서 법학을 공부했다. 하지만 음악과 연극에 대한 열정이 그를 끊임없이 괴롭혔고, 급기야 우울증과 자살 충동에 시달렸다. 그는 자신의 마음을 대변이라도 하듯 '아들이 연극에 몰두한다는 이유로 아버지가 상속권을 박탈할 수 있는가'라는 매우 독특한 주제로 논문을 썼다. 물론 이러한 이유로는 상속권을 박탈할 수 없다는 것이

베토벤의 스승 네페

베토벤은 네페를 만나 체계적이고 전문적인 음악교육을 받게 된 것은 물론, 그의 도움을 받아 직업 음악가의 길을 걷게 되었다. 본래 네페는 가업을 잇기 위해 법률을 공부했으나 예술로 전향하여 힐러에게서 음악을 사사했다. 그러다가 1781년에 본 궁정으로 활동 무대를 옮긴 그는 우연치 않게 만난 베토벤을 제자로 삼았다. 베토벤이 바흐의 〈평균율 클라비어곡집〉을 완벽하게 연주할 수 있었던 것도 네페의 가르침 덕분이라고 전해진다.

논문의 결론이었다. 한마디로, 논문은 음악가의 길을 걷겠다는 그의 포부가 담긴 글이었다. 어쨌든 이 논문을 쓴 후 네페는 자신이 그토록 원하던 예술로 진로를 바꾸었다.

네페는 당시 라이프치히의 이름난 음악가 힐러Johann Adam Hiller의 밑으로 들어가 음악을 배운 후, 그의 전폭적인 지원을 받으며 음악가로서 성공가도를 걷게 되었다. 오페라 작곡가로 성장한 네페는 1776년 드레스덴에 있는 자일러Adam Seyler 극단에 들어가 스승 힐러의 음악감독 자리를 물려받았고, 1779년에 극단이 파산한 뒤에는 공연기획자이자 작가인 그로스만Gustav Friedrich Großmann에게 도움을 청해 본의 궁정극장 음악감독으로 일하게 되었다. 그때부터 본에 정착하게 된 네페는 1781년 2월에는 본 궁정 오르가니스트로 임명되었다.

새롭게 본에서 생활하게 된 네페는 우연히 보게 된 베토벤의 피아노 연주에서 깊은 인상을 받았다. 어린 나이임에도 그는 피아노를 능숙하게 다루었으며 처음 본 악보를 손쉽게 연주할 뿐만 아니라 곡을 파악하는 능력도 뛰어났으니, 네페는 주저하지 않고 베토벤을 제자로 삼아 작곡과 피아노 변주 기법 등을 가르쳤다. 그는 베토벤이 "제2의 모차르트가 될 것"이라고 호언장담했다. 그리고 베토벤을 가르친 지 1년이 지났을 무렵에는 본 궁정 오케스트라의 보조 쳄발로 주자로 일할 수 있게 했다. 그런데 네페가 순수한 의도를 가지고 베토벤을 궁정음악가로 데뷔시킨 것인지에 대해서는 지금도 논란이 있다. 베토벤의 전기를 쓴 카이에르스Jan Caeyers는 네페의 의도를 이렇게 분석했다.

네페는 종종 어린 제자에게 작은 일들을 맡겼고, 이렇게 해서 베토벤을 일찌감치 직업 음악가의 삶에 뛰어들게 했다. 이는 무엇보다 네페에게 실제 경험이 최고의 스승이라는 믿음이 있었기 때문이었지만 다른 한편으로는 그의 이기적인 욕심 때문이었다. 그 역시 사람들에게 인기가 많은 여느 음악가와 다를 바 없었다. 그들은 보통 자신이 감당할 수 있는 것보다 더 많은 일을 받았고 덜 매력적인 일들은 우수한 제자에게 떠넘겼다. 이렇게 되면 제자는 돈 버는 맛을 일찍 알게 된다. 이런 식으로 스승은 제자를 자기 곁에 묶어 놓았을 뿐만 아니라 소홀한 교육에 대한 불만을 사전에 막을 수 있었다.

— 얀 카이에르스, 『베토벤』, 홍은정 옮김, 도서출판 길, 67~68쪽

흥미로운 관점의 이 글을 읽으며 나는 카이에르스가 직업 음악가 생활을 했을 것이라고 확신했다. 그렇지 않다면 음악계 스승과 제자 사이의 이런 미묘한 관계에 대해 그토록 잘 알 수 없기 때문이다. 예상대로 그 역시 지휘자였다.

음악교육은 스승과 제자가 마치 가족처럼 밀착된 환경 속에서 이루어지다 보니 보통의 스승과 제자와는 다른 특별한 관계가 형성된다. 제자는 스승의 분신과도 같이 움직이며 그를 수행한다. 그러면서 스승이 던져주는 여러 가지 과제들을 해결해야 한다. 때로는 스승의 의도가 이기적일 수도 있지만, 이런 과제는 제자에게 부담이 되는 동시에 귀한 경험을 쌓을 기회이기도 하다. 내게도 비슷한 경험이 있다. 대학을 갓 졸업하고 오케스트라 생활을 하던 시절, 대학 스승이기도 한 지휘자가 내게 말러Gustav Mahler의 교향곡 총보를 건

네주며 거기에 적힌 나타냄말을 번역하고, 작품을 분석하고 해설을 하라는 과제를 내주었다. 말러의 총보를 구하기가 어려웠던 시절이었기 때문에 그의 악보를 보는 것만으로도 가슴 벅찼지만, 작곡이나 지휘 전공도 아닌 내가 말러의 복잡한 총보를 한눈에 파악한다는 것은 매우 어려운 작업이었다. 오케스트라 악기들의 선율 하나하나를 천천히 읽어가며 음악을 듣고 또 들으며 그 황홀한 음향 세계에 빠져들기는 했으나, 한 악장을 파악하는 데 아주 오랜 시간이 걸렸다. 또한 헝가리 작곡가 버르토크Béla Bartók의 〈현악기, 타악기, 첼레스타를 위한 음악〉의 국내 초연 무대를 앞두고 이 난해한 곡을 분석해 해설 원고를 쓰기 위해 도서관에서 온갖 논문들을 뒤지며 끙끙거리기도 했다. 황금분할의 원리가 적용된 이 놀라운 걸작을 파헤치기 위해 들인 시간과 노력을 생각해보면 지금도 아찔할 정도다. 직책상으로는 그저 제1바이올린 파트 연주만 잘하면 되었음에도 항상 남들보다 두세 배의 일을 더 해야 했기 때문에 밤을 새우기가 일쑤였고 남몰래 눈물도 많이 흘렸다. 하지만 그 시절의 힘든 훈련이 없었더라면 훗날 바이올리니스트에서 음악평론가로의 경력 전환은 불가능했으리라는 생각도 든다.

오늘날 성공한 유명 지휘자들 중에도 거장의 제자 혹은 조수로서 활동하며 현장 실무를 익히다가 대가로 성장한 경우가 많다. 경험이 부족한 젊은 지휘자들은 마에스트로 옆 자리에서 리허설과 연주회의 모든 경험을 함께하면서 공연 현장에 대한 감각을 익힌다. 혹시라도 마에스트로를 대신해 오케스트라를 지휘해볼 기회를 얻게 된다면 주목받는 신예 지휘자로 떠오를 수도 있다. 미국의 지휘자 번스타인Leonard Bernstein은 발터Bruno Walter가 갑작스러운 와병으로 지휘할 수 없게 되자 그를 대신해 뉴욕 필하모닉 오케스트라를 지휘하며 일약 스타덤에 올랐다. 현장 경험이 많은 젊은 지휘자들은 대타로 무대에 서더라도 흔들림 없이 오케스트라를 이끌어간다. 그러니 베토벤이 일찍부터 직업 음악가의 세계에 발을 들여놓아 여러 현장에서 쌓은 경험이 그에게는 큰 자산이었을 것이다.

일찍 어른이 되어야 했던 소년 음악가

청록색 프록코트, 버클이 달린 무릎길이의 초록색 반바지, 흰색이나 검은색 실크 양말, 검은 매듭을 묶은 신발, 뚜껑 덮인 주머니가 달린 수놓은 조끼. 조끼에는 진짜 금줄이 묶여 있었고, 굽실거리는 머리칼을 딿고 모자를 왼팔 밑에 끼고 은 허리띠에 칼을 매달아 왼편에 찼다.

— 메이너드 솔로몬, 『루트비히 판 베토벤 1』, 김병화 옮김, 한길사, 101쪽

전기에 묘사된, 궁정음악가가 된 베토벤의 모습이다. 신분을 나타내는 무거운 칼까지 찬 그의 모습을 상상하니 절로 미소가 떠오른다. 옷을 깔끔하게 차려입고 궁정 오케스트라 연습실로 출근한 베토벤이 한 일은 무엇이었을까? 1782년 6월, 베토벤은 열두 살 무렵부터 궁정 쳄발로 주자를 시작으로 음악가로서의 경력을 쌓아갔다.

쳄발로는 하프시코드라고도 불리던 건반악기로, 피아노 이전에

열세 살 무렵의 베토벤

베토벤은 스승 네페의 도움으로 직업 음악가로서의 경력을 시작했는데, 당시 그의 직책은 궁정 오케스트라의 보조 쳄발로 연주자였다. 보조 연주자였음에도 열두 살에 궁정음악가가 되었으니 소년 베토벤의 자부심은 대단했을 것이다.

쳄발로

바로크시대에 널리 쓰인 것으로, 피아노 이전의 가장 중요한 건반악기라 하겠다. 피아노에서
해머로 현을 치는 것과는 달리 건반에 딸린 플렉트라plectra라는 가죽 픽pick으로 현을 퉁겨
소리를 내는 것이 특징이다. 베토벤이 본 궁정 오케스트라에서 처음 연주했던 악기가 바로
쳄발로다.

자주 연주되었다. 18세기 오케스트라에서 쳄발로 주자는 지휘자의 역할을 겸할 정도로 비중이 높았으며, 연주의 완성도를 높이는 데 절대적인 기여를 했다. 악보의 저음 성부 선율만 보면서 즉흥적으로 화음을 채워 오케스트라의 연주를 풍성하게 하는 것이 쳄발로 주자의 몫이었다. 따라서 쳄발로 주자가 어떻게 하느냐에 따라 오케스트라의 연주 효과는 매우 달라진다. 훌륭한 쳄발로 주자가 되기 위해서는 음악을 전체적으로 이해하는 것은 물론이고, 즉흥연주에 뛰어나야 하며 화성에 대한 감각도 가지고 있어야 한다. 어린 나이에 여러 음악회에서 갖가지 상황을 해결하며 몸으로 음악을 익힌 덕분에 베토벤은 직업 음악가로서 빠르게 성장할 수 있었다.

당시 본 궁정에는 독자적인 오페라단이 생겨남에 따라 궁정음악가들의 일이 더욱 늘어난 상태였다. 음악을 사랑했던 프란츠 선제후는 긴축재정을 시행하면서도 음악만큼은 포기하지 않았고, 오히려 다른 비용을 아껴 오페라단을 만들었다. 대단한 음악 애호가였던 그는 첼로와 플루트 연주에 능했을 뿐만 아니라 작곡도 할 수 있을 정도로 음악에 조예가 깊었고, 좋은 음악 작품을 보는 안목 또한 가지고 있었다. 모차르트와 친분이 두터웠던 프란츠 선제후는 세계 최고의 음악가로 이름을 날리던 그를 본으로 초대하고 싶어 했지만, 모차르트가 이를 거절하면서 성사되지 않았다. 프란츠 선제후 덕분에 그가 다스리던 본은 모차르트가 살던 음악의 도시 빈의 축소판이라고 할 만큼 빈을 닮아가기 시작했다.

본 궁정 오케스트라는 현악기 연주자 열두 명, 바순 주자 두 명, 오르가니스트 한 명의 소규모였지만, 연주력은 당대 최고의 궁정

막시밀리안 프란츠 선제후

합스부르크 마리아 테레지아의 막내아들이자 요제프 2세의 동생으로 음악에 조예가 깊었던 프란츠 선제후는 오랫동안 베토벤을 지켜본 만큼 그의 뛰어난 재능을 누구보다 잘 알고 있었다. 베토벤을 차기 궁정악장 후보로까지 생각할 정도로 그에게 거는 기대가 컸다.

악단으로 꼽히던 만하임의 오케스트라에 비견될 정도였다. 선제후의 전폭적인 지지 속에서 본 궁정 오케스트라는 50여 명의 연주자들을 갖춘, 당대 최대 규모의 오케스트라로 성장해나갔다. 관악기 파트에 오보에와 클라리넷을 비롯한 여러 악기들을 갖추는 등 구성 면에서도 매우 현대적이었다. 베토벤은 그들과 함께 연주하며 '앙상블'이란 어떤 것인지를 몸소 경험했다. 이런 오케스트라에서 일하던 그였기에 매우 이른 나이에 관현악곡을 쓸 수 있었던 것은 아니었을까?

처음에 베토벤은 궁정 오케스트라의 보조 쳄발로 연주자 직책을 맡아 무급으로 일했다. 하지만 얼마 안 가 그 능력을 인정받아 당당히 월급을 받는 직업 음악가로 승진했다. 1784년에는 제2오르간 주자가 되면서 150플로린의 연봉을 받는 명실상부한 전문 직업 음악가가 되었다. 그는 하루 일과를 새벽 미사의 오르간 반주로 시작하여 저녁 음악회에서 쳄발로를 연주하는 것으로 마무리 짓는 바쁜 일상을 보냈다. 오페라 공연을 위해 성악가들을 연습시키는 일도 했는데, 이는 오늘날의 '오페라 코치'라고 불리는 직업에 해당한다. 당시의 오페라 코치는 지금보다 훨씬 더 열악한 여건에서 일했다. 오케스트라의 여러 악기들과 성악 성부까지 적혀 있는 오페라 악보만 있었을 뿐 피아노 반주용 악보는 없었기 때문이다. 베토벤은 복잡한 오페라 악보를 읽으며 즉석에서 피아노를 연주해야 했다. 이는 복잡한 음표들 가운데 어떤 것이 중요한 선율인지 빠르게 파악하는 능력이 뒷받침되지 않으면 불가능한 일이다. 그는 아무리 복잡한 악보를 보더라도 음악의 주요 흐름을 빠르게 읽어내며 피아노를 연주했고, 성악가들이 제대로 음표들을 소화해내고 있는지를 악보를 보지 않더라도 알아차릴 수 있었다.

이처럼 10대 초반부터 경험한 직업 음악가의 삶은 베토벤을 더욱 자립심 강한 음악가로 만들었다. 만일 베토벤이 어린 시절부터 직업 음악가로서 갖가지 다양한 경험을 쌓지 않았더라면, 그처럼 독창적이고 혁신적인 음악을 자신감 있게 세상에 내놓을 수 있었을까? 만약 베토벤이 모차르트처럼 일찍부터 신동으로 주목받아 귀족들의 칭찬을 받으면서 어린 시절을 보냈더라면, 그처럼 강인한 정신을 소유한 독립적인 음악가는 될 수 없었을 것이다.

음악 교사 일도 병행하며 독주자로서 무대에 서는 일이 잦아진 베토벤은 1788년 이후에는 궁정 비올라 주자의 임무까지 떠맡았다. 비올라 주자를 맡기 1년 전에 어머니가 세상을 떠난 뒤로 실질적인 가장 역할을 하던 그는 궁정음악가로서의 과중한 책무와 이른 나이부터 가족을 책임져야 한다는 중압감에 짓눌려 하루하루를 살아갔다. 이를 견디다 못한 그는 1789년 후반에 프란츠 선제후에게 아버지 봉급의 절반을 자신에게 지급해달라는 청원서를 제출했다. 여기에는 알코올중독으로 직무를 수행하기 어려워진 아버지가 궁정음악가 직에서 물러나고 본에서도 떠난다는 조건이 붙어 있었다. 이에 프란츠 선제후는 1789년 11월 20일 자 포고령을 발표하여 베토벤의 요청을 들어주었다. 이듬해부터 베토벤의 아버지가 이전에 받던 연금 200탈러 중에서 절반을 청원자인 아들에게 지급하라는 너그러운 지시가 내려진 것이다.

하지만 아버지가 인간으로서의 존엄성을 한 조각이라도 유지하게 해달라고 애원하자, 베토벤은 포고령대로 시행하지 않고 대신에 4분기마다 아버지에게 100탈러를 받기로 했다. 그는 어린 시절부터 '현실'이 얼마나 녹록하지 않은지 알고 있었다. 음악회 현장에서 벌어지는 갖가지 상황에 대처하는 것만으로도 벅찼을 이 소년에게 가장으로서의 책임은 더욱 버거웠으리라. 그러나 '운명'은 계속해서 베토벤을 다그치며 더욱 독립적인 인간이 되도록 몰아세웠다.

라인강에서 들려온 자연의 교향곡, 〈전원〉

넓고 탁 트인 라인강을 직접 보면 누구라도 한눈에 매료될 수밖에 없을 것이다. 실제로 본 라인강은 서울에서 자주 보던 한강보다 폭이 넓지는 않지만, 주변에 높은 건물이 없어 광대한 하늘이 수면 위로 끝없이 펼쳐진다. 하늘빛을 담은 푸른 강물에 눈이 시릴 정도다. 날씨 좋은 날 낮에 라인강 변을 산책한다면 태양 빛을 반사하는 라인강의 물결 속에서 언뜻 바그너Richard Wagner의 〈니벨룽의 반지〉에 등장할 법한 황금 같은 반짝임을 볼 수도 있다. 〈니벨룽의 반지〉는 무려 나흘 동안 상연하는 어마어마한 대작이다. 바그너 스스로도 오페라보다는 음악극Musikdrama이라고 표현한 이 작품은 '라인의 황금' '발퀴레' '지크프리트' '신들의 황혼' 4부작으로 구성되었다. 니벨룽족의 난쟁이 알베리히가

19세기 말 라인강을 그린 그림

라인강 처녀들로부터 황금을 빼앗아가는 것으로 이야기가 시작하여 반지를 가진 이들마다 재앙과 죽음이 뒤따르다가 영웅 지크프리트가 죽고 그의 손가락에 끼워진 반지를 원래의 주인인 라인강의 처녀들에게 되돌려주며 마무리된다. 라인강은 많은 음악가들에게 영감을 준 곳이다. 가장 먼저 독일 음악가 슈만Robert Schumann의 〈교향곡 3번 E플랫장조 라인〉(Op. 97)이 떠오른다. 베토벤보다 마흔 살 연하였던 그가 작곡한 이 곡에는 라인강의 아름다움이 그대로 담겨 있다. 오랫동안 라이프치히와 드레스덴 등 독일 동부에 살던 슈만은 새로운 일자리를 얻어 라인강이 흐르는 서부의 뒤셀도르프로 이사했다. 그때 그가 작곡한 곡이 바로 교향곡 〈라인〉이다. 뒤셀도르프 시립교향악단의 지휘자가 되면서 난생처음 정규직을 얻어 꿈에 부푼 그의 마음이 〈라인〉 도입부에서부터 한껏 고양된 음악으로 표출된다.

힘든 유년기를 보낸 베토벤에게 라인강 변을 산책하는 일은 큰 위안이 되었을 것이다. 소년 베토벤은 아마도 라인강을 보며 악상을 떠올렸을지 모른다. 그에게 안식과 영감을 준 본 라인강 변에는 숲이라고 불러도 좋을 만큼 나무가 많다. 주변 소리에 귀를 기울이면 다양한 소리가 들린다. 나이팅게일의 노랫소리로 추정되는 화려하고 기교적인 새소리가 들려오는가 하면, 단순하고 소박한 느낌의 이름 모를 새소리도 함께 울린다. 여기에 라인강의 물소리까지 곁들여지니 자연의 교향악이 따로 없다. 실제로 베토벤은 라인강 변의 소리와 비슷한 소리를 담은 교향곡을 작곡한 적이 있다. 바로 〈교향곡 6번 F장조 전원〉(Op. 68)이다. 이 곡을 작곡할 무렵인 1808년에 그의 청력은 악화될 대로 악화된 상태였지만, 아마도 그는 어린 시절 라인강 변을 산책하면서 들은 자연의 소리들을 떠올리며 곡을 썼을 것이다. 〈전원〉을 듣고 있노라면 전원이 우리에게 환기시키는 여러 가지 감정을 느낄 수 있다. 숲속에서 산책할 때의 편안한 기분, 거센 폭풍에 휩쓸릴 것만 같은 두려움, 폭풍이 무사히 지나간 뒤의 안도감이 선율을 타고 우리에게 전해져서, 마치 베토벤과 함께 전원을 걷는 기분이 든다.

5악장으로 이루어진 이 작품의 1악장 악보에는 '전원에 도착했을 때의 유쾌한 기분'이라고 쓰여 있다. 음악을 듣기 전까지는 이 기분을 어떻게 음악으로 표현할 수 있을지 도저히 상상이 되지 않지만, 막상 1악장을 들으면 저절로 고개를 끄덕이게 된다. 베토벤은 1악장 전개부에서 무려 72회나 계속되는 반복 음형으로 자연의 무한함을 표현했고, 다른 작품에 비해 매우 느린 화성 리듬을 통해 자연 속에서 느끼는 평화로움을 담았다.

2악장 '시냇가에서'는 모든 악장 중에서 가장 라인강과 닮았다. 제1바이올린이 평화로운 선율을 연주하는 사이 저음현에서 물결치는 듯한 반주 음형이 나타나는데, 이는 시냇물의 잔잔한 흐름을 떠올리게 한다. 2악장 후반에는 구체적인 새소리도 들려온다. 나이팅게일의 노랫소리를 표현한 플루트 연주에 이어 오보에와 클라리넷이 각각 메추라기와 뻐꾸기의 울음소리를 실감 나게 묘사하며 목가적인 분위기를 전한다. 새들 가운데서도 노래가 으뜸인 나이팅게일의 현란한 소리는 플루트의 '트릴trill 주법', 즉 두 개의 음표를 빠르게 교대하는 방식으로 표현되었다. 메추라기와 뻐꾸기의 노래는 더욱 놀랍다. 메추라기는 앞의 음표에 점을 그려 넣어 앞의 음은 길고 뒤의 음은 짧게 부점 리듬으로 노래하라고 되어 있는데, 콧소리가 나는 오보에 특유의 삐걱거리듯 단단한 음색이 부점 리듬을 더욱 날카롭게 표현한다. 여기서 메추라기 노래의 끝 음인 D음은 클라리넷이 연주하는 뻐꾸기 소리의 첫 음과 겹치며 절묘하게 이행하는데 이 부분이 걸작이다. 베토벤은 메추라기의 노래와 뻐꾸기의 노래를 따로따로 들려주지 않고 일부러 오버랩해서 이어지도록 했다. 악보대로 이 부분을 연주하면 마치 뻐꾸기가 딸꾹질을 하듯이 삐걱거리고 안 맞는 것처럼 들리지만, 그 소리야말로 자연의 소리 그대로다. 완벽하게 연출된 새소리가 아

자연으로부터 〈전원〉 교향곡의 영감을 얻는 베토벤

교향곡 6번 〈전원〉의 스케치 중 일부

교향곡 6번
〈전원〉

니라, 실제 라인강 변에서 들려오는 새들의 재잘거림처럼 다소 불규칙하고 절름거리기 때문이다.

3, 4, 5악장은 각각 '농부들의 즐거운 모임'과 '폭풍' 그리고 '폭풍이 지난 후의 감사한 마음'이라는 부제가 붙어 있으며, 마치 하나의 악장처럼 연결된다. 먼저 3악장에서는 평화로운 전원을 배경으로 농부들이 즐겁게 먹고 마시며 춤을 추는 모습이 펼쳐진다. 그러다가 제2바이올린의 연주가 시작되면 분위기가 급격히 어두워지고, 찌르는 듯 날카로운 피콜로의 고음과 무시무시한 트롬본의 연주가 가세하여 폭풍의 격렬함을 묘사한다. 짧지만 강렬한 4악장의 폭풍이 끝나면 5악장에서 폭풍이 무사히 지나간 것에 감사하는 사람들의 아름다운 노래가 갖가지 형태로 변주되며 곡이 절정에 달한다.

〈전원〉은 교향곡으로서는 최초의 '표제음악programme music'이라는 점에 그 의의가 있다. 대개의 교향곡은 자연현상과 같이 음악 외적인 것을 음악으로 표현하는 것이 아니라 그저 순수하게 음과 음 사이의 관계와 형식을 통해 음악적인 의미를 만들어가는 순수 기악곡이 대부분이지만 이 곡은 다르다. 작곡가가 직접 '전원'이라는 부제를 붙였을 뿐만 아니라 악장마다 '전원에 도착했을 때의 유쾌한 기분' '시냇가의 정경' 같은 제목을 달아 그 내용을 음악적으로 드러내고자 했다.

베토벤을 만든 사람들

고향 땅에 우뚝 선 베토벤

베토벤 동상이 서 있는 뮌스터광장 주변 또한 베토벤을 따르는 여행자라면 결코 빼놓을 수 없는 명소다. 광장에 들어서면 중앙에 우뚝 서 있는 베토벤 동상이 가장 먼저 눈에 들어온다. 동상 가까이 다가가 그의 얼굴을 찬찬히 살펴보았다. 독일의 조각가 헤넬Ernst Hähnel은 베토벤의 음악에서 풍겨 나오는 강한 힘을 동상에 고스란히 담아냈다. 결의에 찬 듯 굳게 다문 입술, 상대방의 마음을 꿰뚫어 볼 것 같은 형형한 눈빛, 사자 갈기 같은 머리털, 좌중을 압도할 듯한 카리스마. 그의 모습을 닮은 동상은 고향으로 돌아오지 못한 베토벤을 대신하여 본을 굳건히 지키고 서 있다.

본에 베토벤 동상이 세워진 것은 1845년으로, 베토벤 탄생 75주년을 기념하기 위한 것이었다. 베토벤은 동상이 건립되기 18년 전인 1827년에 세상을 떠났다. 그를 존경하던 수많은 음악가들은 본에 그의 동상을 세우기 위해 많은 노력을 기울었다. 헝가리의 피아니스트이자 작곡가인 리스트Franz Liszt는 동상 건립을 위해 1만 프랑을 선뜻 내놓았고, 독일 낭만주의 음악의 대가로 손꼽히는 멘델스존Felix Mendelssohn과 슈만은 기금 마련을 위한 특별한 작품을 작곡했다. 드디어 1845년 8월 12일, 광장 근처에 있는 뮌스터대성당에서 베토벤의 미사곡 연주가 끝나자 베토벤 동상이 그 위용을 드러냈다. 프로이센의 프리드리히 빌헬름 4세, 영국의 빅토리아 여왕 등이 역사적인 순간을 함께했다고 전해진다.

베토벤 동상 제막식이 있던 날 베토벤의 미사곡이 연주되었다는 뮌스터대성당은 참으로 아름다우면서도 위엄이 서려 있다. 로마네스크양식으로 지어진 이 고풍스러운 성당에서 울려 퍼졌을 베토벤의 미사곡은 얼마나 숭고한 아름다움을 뿜어냈을까! 문득 성당의 음향이 궁금해졌다. 안내문을 보니 다행히도 저녁 미사가 있어서 성물방에 들러 독일어로 된 미사통상문을 구입하고 미사에 참석했다. 평일이어서 그런지 스무 명 남짓한 신자들만 참석한 가운데 조용한 분위기 속에서 미사가 진행되었다. 그런데 기대와 달리 성가 없이 통상문 낭독과 기도로만 이루어진 미사였다. 적막을 깨뜨리는 신부님의 음성이 울리면 화답하는 신자들의 목소리가 조화를 이루

뮌스터광장의 베토벤 동상
광장에 들어서면 햇빛을 받아 더욱 찬란하게 빛나는 베토벤 동상이 관광객들을 맞이한다. 이 동상은 베토벤 탄생 75주년을 기념하여 세워진 것이다. 베토벤의 음악이 뿜어내는 영웅적이고 강렬한 힘을 입체적으로 형상화한 것 같은 그 모습을 보고 있노라면 마치 그 선율이 귓가에 울려 퍼지는 듯한 기분이 든다.

〈장엄미사〉를 작곡하는 베토벤

〈장엄미사〉는 베토벤이 후원자이자 친구인 루돌프 대공을 위해 쓰기 시작
한 곡으로, 완성하는 데에만 약 4년이 걸린 대작이다. 이 곡은 미사 전례의 순
서에 따라 '키리에' '글로리아' '크레도' '상투스' '아뉴스 데이'로 구성되었으며,
작품의 규모와 깊이 면에서 종교 음악을 뛰어넘는 거대한 교향곡으로 간주된
다. 베토벤은 〈장엄미사〉를 자신의 최고 작품으로 꼽기도 했다.

〈장엄미사〉의
3악장 '크레도'

면서 그 자체로 훌륭한 음악이 되었지만, 실제 성당의 음악을 듣고 싶었던 나는 미사 도중 〈장엄미사 D장조〉(Op. 123)의 선율을 마음속에 떠올려보았다.

〈장엄미사〉는 베토벤이 1819년에 친구이자 후원자인 루돌프 Archduke Rudolf 대공이 체코 올뮈츠Olmützer의 대주교에 오른 것을 기념하여 쓰기 시작한 미사곡으로, 연주 시간이 두 시간에 육박하고 작곡하는 데 약 4년이 걸린 대작이다. 그가 루돌프 대공에게 악보를 헌정한 것은 1823년 3월 19일이 되어서였다. 서양음악 역사상 이 작품만큼 독창과 합창, 오케스트라의 긴밀한 관련성이 돋보이는 미사곡도 없다. 베토벤이 주력하던 소나타나 교향곡 같은 기악 형식과는 다르지만, 그럼에도 하나의 짧은 주제를 중심으로 악상이 발전해가는 교향악적인 원리가 드러난다. 게다가 종교적인 가사에 대한 교향악적인 접근을 보여주는 방식도 흥미롭다. 베토벤 스스로도 이 곡을 가리켜 "나의 최대 작품이다"라고 말했을 만큼 자랑스럽게 여겼다.

나는 미사 전례에 따라 구성된 〈장엄미사〉의 다섯 곡 중에서도 신앙고백을 나타내는 '크레도'를 가장 좋아한다. 이 곡은 가사가 길고 그 내용이 다양해서 음악적으로 표현하기 쉽지 않다. 그래서 베토벤은 가사의 내용에 따라 매우 빠르게allegro molto부터 장중하게grave에 이르기까지 템포를 변화무쌍하게 설정하여 매우 극적인 신앙고백 음악을 탄생시켰다. '크레도'의 첫 구절인 '저는 유일신 하느님을 믿습니다'의 본래 가사는 라틴어로 'Credo in unum Deum'이지만 그는 'Credo, Credo in unum, unum Deum'이라고 베이스 파트의 악보에 적었다. 단어를 반복하는 방식으로 변화를 준 것이다. '믿음credo'과 '유일umum'을 강조하고, 음악적인 리듬 처리에서도 두 단어를 부각하여 신에 대한 독실한 믿음이 잘 드러나도록 했다. 또한 '성령으로 인하여 육신으로 나시고Et incarnatus est de Spiritu Sancto' 부분에서는 소수의 현과 관악기에 의해서 반주되는 독창자들의 4중창을 느린adagio 템포로 표현하여 매우 심오한 효과를 얻어냈다. '크레도' 중 '전지전능하신 천주 성부Patrem omnipotentem' 부분에서 소프라노가 노래하는 하이 B플랫 음은 상상하는 순간 베토벤의 음악에 감전된 듯 전율을 일으킨다.

피아노협주곡의 황제

동상 제막식 날로부터 사흘간 베토벤 음악 축제가 펼쳐졌는데, 본에서 열린 최초의 베토벤 축제인 셈이다. 리스트는 직접 베토벤의 피아노협주곡 〈황제〉의 협연자로서 피아노를 연주하고, 〈교향곡 5번 c단조 운명〉(Op. 67)을 지휘했다. 베토벤 생전에 〈교향곡 7번 A장조〉(Op. 92)의 초연 무대에 바이올리니스트로 참여했던 슈포어Louis Spohr는 〈코리올란 서곡 c단조〉(Op. 62)를 비롯한 여러 곡을 지휘하며 축제를 이끌었다. 베토벤을 특히 존경했던 프랑스의 작곡가 베를리오즈Hector Berlioz는 동상 제막식과 축제에 참여하여 자신이 작곡한 〈레퀴엠〉을 선보이고자 했다. 그러나 본의 축제 위원회에서 거부 의사를 표명하는 바람에 그의 꿈은 좌절되고 만다. 팀파니만도 무려 열여섯 대가 필요한 이 곡의 어마어마한 악기 편성이 문제가 되었던 모양인데, 베를리오즈에게는 무척이나 아쉬운 일이었으리라. 아무튼 당대 최고의 음악가들은 저마다의 방식으로 베토벤에 대한 존경심을 드러냈다.

베토벤 동상을 지켜보며 이 동상이 처음으로 모습을 드러낸 날 본으로 모여든 여러 음악가들의 들뜬 표정과 멋진 공연 장면을 머릿속으로 그려보았다. 특히 리스트가 연주한 〈황제〉는 얼마나 현란하고 화려했을까! 서양음악사에서 리스트는 피아노 연주 기교를 크게 발전시킨 최고의 피아니스트로 손꼽힌다. 아홉 살 때 피아노 연주회를 개최할 정도로 음악 신동이었던 그는 한미한 집안에서 태어났지만, 에스테르하지 후작의 후원에 힘입어 일찍부터 빈에서 음악 공부를 할 수 있었다. 리스트는 베토벤의 제자 체르니의 제자였으니 결국 그도 베토벤의 제자라고 할 수 있다. 베토벤의 폭풍 같은 피아노 연주 스타일을 그대로 물려받은 듯한 리스트는 본능적으로 그의 음악에 강하게 끌렸던 모양이다. 그는 베토벤의 교향곡 아홉 개를 독주 피아노로 연주할 수 있도록 편곡하여 그의 음악에 경의를 표하기도 했다. 100여 명의 오케스트라 연주자들이 연주하는 교향곡을 한 사람이 피아노로 칠 수 있게 한 것이다. 이런 리스트가 연주한 〈황제〉라면 자신을 '피아노의 황제'처럼 돋보이게 했으리라.

이 협주곡의 압도적인 도입부만 들더라도 '황제'라는 부제가 자연스럽게 떠오를 것이다. 베토벤이 남긴 피아노협주곡 가운데 최대 규모이자 베토벤 음악의 원숙기를 대표하는 〈황제〉는 오늘날 수많은 피아니스트와 음악 애호가 들의 사랑을 받는 '피아노협주곡

뮌스터광장

베토벤 동상이 세워진 뮌스터광장의 한쪽에는 로마네스크양식의 뮌스터대성당이 솟아 있다. 광장에서 베토벤 동상 제막식이 있던 날 성당에서는 베토벤의 미사곡이 연주되었으리라. 광장을 중심으로 베토벤의 이름을 딴 거리와 가게 등을 어렵지 않게 찾아볼 수 있다. 그래서 이곳은 마치 위대한 예술가인 베토벤에게 바쳐진 성전 같은 느낌이 든다.

의 황제'라고 할 만하다. 그러나 이 곡에 그토록 잘 어울리는 '황제'라는 부제는 사실 그의 뜻과는 무관하다. 베토벤은 공화주의자였기 때문에 이 부제를 탐탁지 않게 여겼을 것이다. 이 같은 부제가 붙은 연유에 대해서 명확하게 밝혀진 바는 없다. 다만 이 곡이 연주될 때 청중 가운데 한 사람이 감동한 나머지 벌떡 일어나서 "이것은 황제다!"라고 외쳤기 때문이라는 설이 있고, 출판사에서 판매고를 올리기 위해 이런 이름을 붙였다는 설도 있다. 어쨌든 황제라는 부제 덕분에 이 협주곡이 더욱 권위 있고 당당한 음악처럼 느껴지는 것이 사실이다.

〈황제〉의 1악장은 예기치 않은 도입부로 유명하다. 독주 악기와 오케스트라가 합주하는 협주곡에서는 대개 오케스트라가 먼저 긴 서주를 연주하는 것이 특징이지만, 이 곡에서는 도입부에 독주 피아노가 화려하게 등장해 청중들에게 놀라움을 안긴다. 베토벤의 작곡 스케치를 보면 〈황제〉의 도입부에 대한 여러 가지 아이디어를 놓고 고심한 흔적이 나타난다. 결국 그는 〈피아노협주곡 4번 G장조〉(Op. 58)와 마찬가지로 피아노를 처음부터 등장시키는 방법을 택하면서도 피아노 도입 방식에서는 완전히 다른 방향을 선택한다. 〈황제〉에서 피아니스트는 피아노협주곡 4번에서와 같이 고요하게 연주를 시작하지 않고, 매우 극적이고 화려하게 등장한다. 그래서 어떤 이들은 이 작품의 도입부 자체가 황제와 같다고 이야기한다. 즉 황제라면 자신이 원하는 순간에 언제라도 등장할 수 있듯, 오케스트라가 독주자를 소개하는 절차 없이 피아노 연주가 바로 시작되는 게 황제와 같다는 것이다.

베토벤의 후계자, 리스트

베토벤 흉상을 바라보며 피아노를 연주하는 리스트의 모습이다. 베토벤과 리스트의 인연은 특별하다. 1823년에 개최된 가면무도회에서 베토벤이 어린 리스트의 두 손을 잡고 이마에 입맞춤을 해주었다는 일화가 전해진다. 또 베토벤이 10년간 사용했던 피아노가 경매에 붙여졌을 때 빈의 한 출판업자가 이를 사서 한 피아니스트에게 선물한 적이 있었는데, 그 사람이 바로 리스트였다고 한다.

피아노협주곡
5번 〈황제〉

한편 〈황제〉는 피아노뿐만 아니라 오케스트라의 비중이 크다. 대개 협주곡의 주인공은 오케스트라와 협연하는 독주자이지만, 이 곡에서는 오케스트라가 교향곡을 방불케 하는 중요한 악절을 많이 연주한다. 또한 베토벤의 피아노협주곡 중 가장 긴 1악장은 그 방대한 길이 덕분에 대규모 교향곡과 같은 느낌이 강하게 든다. 그래서 음악가들은 이 곡을 '교향악적인 협주곡'으로 분류하기도 한다.

〈황제〉에서 오케스트라와 피아노가 가장 독특한 방식으로 연주되는 부분을 꼽는다면 아마도 3악장의 마지막 부분일 것이다. 이 곡의 대미를 장식하는 3악장이 끝나기 직전에 피아노와 팀파니가 함께 고요한 2중주를 들려주는데, 보통의 협주곡과 비교해본다면 매우 특이한 방식이다. 대개 협주곡의 결말은 화려하고 웅장하게 마무리되어 청중의 박수갈채를 유도하기 마련이지만, 베토벤은 반대로 작곡했다. 화려한 결말을 기대하는 청중들이 어리둥절해하는 사이에 피아니스트가 팀파니스트와 눈을 맞추며 세심하게 앙상블을 해야 하는 상황이 펼쳐진다. 오케스트라 뒤편에 자리한 팀파니스트는 무대 앞의 피아니스트와 멀리 떨어져 있기 때문에 두 사람은 신경을 곤두세우고 귀를 기울이며 연주할 수밖에 없다. 그 긴장된 순간에 폭풍 전의 고요와 같은 짧은 정적이 흐른 후 피아니스트가 돌연 폭풍같이 휘몰아치는 연주로 화려한 결말을 이끌어낸다. 베토벤 특유의 멋진 반전이다.

〈황제〉를 작곡하던 1809년에 베토벤은 점차 악화되는 귓병과 당시 머물고 있던 빈의 혼란스러운 정치 상황으로 고통을 느끼고 있었다. 그는 라이프치히의 한 출판업자에게 보내는 편지에 "힘겨운 삶으로 곤란을 겪는 요즈음 드럼과 대포와 사람들, 온갖 종류의 불행이 나를 둘러싸고 있는 것 같다"라고 했다. 1809년까지 18년 동안 오스트리아는 프랑스와 네 차례의 전쟁을 치렀고, 그 사이 프랑스혁명의 여파는 전 유럽을 뒤흔들고 있었다. 오스트리아는 프랑스의 극단적인 혁명 정신에 대항해 보수적인 입장을 취했으나, 오스트리아군이 프랑스군에 패배하는 바람에 사실상 빈이 점령당한 상태였다. 물론 이러한 상황에서도 베토벤은 놀라운 창작열을 보여 1802년부터 1809년까지 교향곡 다섯 곡을 완성했고, 현악 4중주의 정점이라고 할 수 있는 〈현악 4중주 라주모프스키〉(Op. 59), 〈바이올린소나타 9번 A장조 크로이처〉(Op. 47), 〈첼로소나타 3번 A장조〉(Op. 69), 〈피아노소나타 21번 C장조 발트슈타인〉(Op. 53), 〈열정〉 등 걸작들을 쏟아냈다. 그리고 1809년부터 1811년까지 작곡한 〈황제〉로 위대한 창작 시기의 절정을 장식했다.

인간의 이성과 고전에 눈뜨다

베토벤의 생가와 그와 인연이 깊은 성당을 둘러보고 나니 허기가 졌다. 이왕이면 베토벤과 관련 있는 식당에서 식사를 하고 싶었다. 마침 뮌스터광장에서 도보로 5분 거리에 엠 회트헤Em Höttche라는 레스토랑이 있다고 해 그곳에서 밥을 먹기로 했다. 레스토랑에 들어서자 베토벤이 살았던 18세기 후반으로 시간 이동을 한 듯한 기분이 들었다. 아름다운 샹들리에가 은은한 빛을 뿜고, 고풍스러운 식

탁과 의자들이 놓여 있고, 홀 중앙의 기둥에는 고전적인 양식의 문
양이 새겨져 있었다.

마침 베토벤의 초상화가 걸린 안쪽 자리가 비어 있어서 망설이지
않고 그 앞에 자리를 잡았다. 마치 그와 마주보며 식사를 하는 기분
이었다. 주변을 둘러보니 내부는 테이블과 의자로 가득해 춤을 출
공간은 없어 보였다. 하지만 베토벤이 이곳에서 첫사랑과 춤을 추
었다고 하니 분명 당시에는 춤을 출 수 있는 넓은 공간이 있었으리
라. 춤을 잘 못 추기로 유명했던 그가 첫사랑을 이끌며 열심히 춤을
추었을 것을 상상하다 보니 절로 미소가 지어졌다. 베토벤과 함께
이곳에서 춤을 춘 사람은 바베트Babette라고 불리던 코흐Anna Barbara
Koch였다. 그녀의 모습은 지금도 그림으로 남아 있는데, 현대인의 눈
으로 보아도 아름답다. 당시 본의 남자들이 그녀의 마음을 얻으려
고 애를 썼다는 기록이 거짓은 아닌 듯했다. 물론 베토벤도 그 남자
들 중 하나였다. 하지만 베토벤과 바베트는 이루어지지 않았고, 그
녀는 나중에 본의 시장이 되는 부자와 결혼했다.

다시 메뉴판으로 눈길을 돌려 독일식 감자 요리와 베토벤 어머니
집안에서 생산한 화이트 와인을 주문한 뒤 오랜만에 맛보는 여유를

엠 회트헤

1389년에 문을 연 곳으로, 이곳에서 베토벤이 첫사랑과 춤을 추었다는 일화가 전해진다. 엠
회트헤 인근에 궁정음악가들이 즐겨 찾던 곳이자 본의 독서회 회원들이 모이던 체어가르텐이
라는 선술집이 있었다고 한다. 베토벤을 비롯한 당대의 음악가와 지식인 들이 체어가르텐에
모여 세상 돌아가는 이야기를 나누며 지적인 교감을 이루었다.

만끽했다. 그러다가 옆 테이블에 있던 중년의 독일인 부부와 자연스레 베토벤에 대해 대화를 나누게 되었다. 그들은 아마도 베토벤 초상화 앞에서 식사를 하는 나의 모습을 보고, 음악 애호가라고 생각한 듯했다. 그들 역시 클래식 애호가로, 하이델베르크에서 본으로 여행을 왔다고 했다. 베토벤에서 시작한 이야기꽃은 어느새 말러와 패르트Arvo Pärt 같은 현대음악가들로까지 넓어졌다. 그들의 이야기를 듣다 보니 이 오래된 레스토랑이 마치 본의 지식인들이 수시로 드나들었던 선술집이 된 것만 같았다. 베토벤도 이렇게 사람들과 음악 이야기를 했을까?

18세기 후반의 본에는 베토벤을 비롯한 당대의 음악가들과 지식인들이 자주 모이던 '체어가르텐Zehrgarten'이라는 선술집이 있었다. 이곳을 운영하던 이가 바베트의 어머니였다고 하니, 베토벤은 그녀를 보기 위해서라도 자주 들렀을 것이다. 체어가르텐은 궁정음악가들이 즐겨 찾던 장소이자 본의 유명한 독서회Lesegesellschaft 회원들의 모임 장소였다. 베토벤의 스승 네페와 후에 베토벤이 빈으로 갈 수 있도록 많은 도움을 준 발트슈타인Ferdinand von Waldstein 백작도 독서회 회원이었다. 당시 베토벤은 미성년자는 독서회 회원이 될 수 없다는 규정 때문에 정식 회원은 아니었다. 하지만 정기적으로 독서회 모임에 참석해 새로운 책과 잡지를 읽으며 사람들과 정치, 사회, 문화 전반에 대한 토론을 벌였다. 그곳에서 그는 시간 가는 줄 모르고 음악과 인간과 신 그리고 세상 돌아가는 이야기를 나누며, 당대의 문화와 사상에 대한 많은 지식들을 얻었을 것이다. 베토벤이 열한 살 이후에 정규교육을 받지 못했음에도 불구하고 고전에 대한 이해가 깊

본의 독서회

1787년에 본의 지식인들과 예술가들이 만든 모임으로, 당대 정치적 · 문화적 변화에 대한 열띤 토론을 벌이며 지성의 장으로 이름을 떨쳤다. 베토벤은 스승 네페의 도움으로 독서회 회원들과 교유하게 되었고, 그들과 어울리면서 고전 작품에 눈뜨기 시작했다.

었던 것은 독서회 덕분이 아니었을까.

당시 본에는 계몽주의 문학과 사상이 급속도로 퍼져나가고 있었다. 서점에는 클롭슈토크Friedrich G. Klopstock, 실러, 괴테의 책들과 함께 루소와 몽테스키외의 최신작들이 진열되어 불티나게 팔렸다. 1788년에 본을 방문한 유명한 언어학자 훔볼트Wilhelm von Humbolt가 궁정의 도서관에는 "학술적이고 정치적인 산문과 책뿐만 아니라 세계 최고 수준의 정기간행물도 비치되어 있다"(『루트비히 판 베토벤 1』, 125쪽)라고 할 정도로 도서관의 지적 수준도 높았다.

1789년 5월에 베토벤은 체어가르텐에서 만난 친구들의 권유로 대학의 철학과 고전문학 강좌에 등록해 강의를 들었다. 이때 접한 칸트의 이념이 그에게 강한 영향을 미쳤던 것일까. 그는 30여 년이 지난 어느 날 문득 대화첩에 "우리 내면의 도덕법칙과 머리 위 별이 빛나는 하늘, 칸트!!!"(『루트비히 판 베토벤 1』, 133쪽)라고 적었다. 그는 칸트뿐만 아니라 『플루타르크 영웅전』과 그리스 로마 신화 속 고대 영웅들의 이야기에 깊은 감화를 받았다고 전해진다. 고대 위인들의 영웅적인 모습에 대한 이야기를 읽으며 자신도 그들처럼 성스러운 임무를 띤 특별한 인물이라는 꿈을 품었을지 모른다. 역경을 극복하고 영웅적인 성취를 이뤄낸 인물들의 삶에 공감하며 고난의 극복과 힘든 노력을 덕성과 연결시키던 그였으니까 말이다. 특히 『플루타르크 영웅전』은 그의 서재에 늘 꽂혀 있었으며, 창작 활동에도 영향을 미쳤다. 베토벤은 이 책에 등장하는 고대 로마의 영웅 코리올라누스Gaius Coriolanus의 이야기를 바탕으로 〈코리올란 서곡 c단조〉를 썼다.

『플루타르크 영웅전』에 따르면 기원전 5세기경에 코리올라누스는 로마에 맞서던 볼스키의 수도 코리올리에서 큰 공을 세우면서 모든 이들의 존경을 받는 국민적 영웅으로 떠오른다. 그는 로마 시민들의 지지를 얻어 집정관 후보에 오르지만, 시민들은 그가 귀족들의 열렬한 지지를 받는 것을 못마땅하게 생각해 종국에는 그를 집정관으로 선출하지 않는다. 이후 공화정을 반대하고 귀족의 편에 선 코리올라누스의 태도는 점차 시민들의 반감을 사게 되어 결국 폭동을 불러일으킨다. 귀족들은 분노한 시민들을 잠재우기 위해 코리올라누스를 로마에서 추방해버린다. 배신감을 느낀 그는 복수를 다짐하며 적국인 볼스키로 가 그들과 함께 조국 로마로 쳐들어간다. 코리올라누스는 어머니 볼룸니아의 설득으로 공격을 멈추지만, 결국 그를 시기하던 툴루스의 손에 무참히 살해된다.

〈코리올란 서곡 c단조〉는 조국에 배신당한 영웅의 고뇌와 죽음을 암시하듯 비통한 기운으로 가득하다. 베토벤은 이 곡을 교향곡 〈운명〉과 마찬가지로 c단조로 시작하지만 〈운명〉과 달리 C장조의 승리로 끝맺지 않고 c단조를 끝까지 유지해 그의 관현악곡으로는 드문 어두운 결말에 도달한다. 현악기들이 큰 소리로 C음을 길게 연주한 다음 오케스트라가 마치 운명의 타격과도 같은 짧은 코드로 마감하는 도입부를 들어보면 조국으로부터 배신당한 영웅의 분노가 실감나게 느껴진다. 이윽고 초조하고 음울한 분위기가 느껴지는 제1주제가 현악기로 연주된 후 급격한 음량의 대비와 긴박감 넘치는 음악이 펼쳐지면서 영웅의 고뇌를 암시한다. 제1주제가 어두운 분위기로 일관하는 반면, 제2주제는 지극히 아름답고 온화한데,

어쩌면 베토벤은 제2주제를 통해 코리올라누스를 사랑으로 길러낸 홀어머니 볼룸니아의 자애로움을 담으려 했던 것인지도 모른다. 불운한 기운으로 가득한 이 작품에서 서정적인 제2주제의 선율만이 유일하게 찬란하고 아름다운 빛을 던져준다. 두 가지 주제를 중심으로 하는 제시부와 베토벤 특유의 추진력이 느껴지는 발전부를 지나 마침내 서곡의 종결부에 이르면, 음악 소리는 점차 희미해지고 현악기가 매우 여리게 비극적인 C음을 길게 끈다. 이윽고 현악기가 마치 숨이 막힐 것 같은 세 개의 피치카토(pizzicato, 현을 손가락으로 튕기는 연주법) 음으로 서곡을 마무리함으로써 영웅의 불운한 최후를 간접적으로 시사한다.

〈코리올란 서곡 c단조〉는 『플루타르크 영웅전』에 나오는 코리올라누스의 이야기를 다루고 있지만, 베토벤이 직접적인 영감을 받은 문학작품은 시인이자 극작가인 콜린Heinrich Joseph von Collin의 연극 「코리올란」이었다. 콜린은 「코리올란」에서 『플루타르크 영웅전』에 묘사된 코리올라누스의 최후를 영웅의 자살로 변화시키고 '영웅의 자유'라는 주제에 좀 더 집중했는데, 이 부분이 베토벤에게 강한 음악적 영감을 주었던 것 같다. 음악가에게는 치명적인 귓병을 비관하며 목숨을 끊을 각오도 했던 베토벤이 자살을 선택하는 코리올라누스의 모습에서 자신을 발견한 것은 아닐까. 혹은 코리올라누스의 고지식한 성품에 자신의 모습을 투영하여 위안을 얻었을 수도 있다. 그것도 아니면 조국 로마로부터 배신당한 코리올라누스의 억울한 상황이 연유도 모른 채 귓병으로 고통받아야 하는 자신의 처지와 비슷하다고 여겼을지 모른다. 이유가 어찌되었든 고대 로마 역

니콜라 푸생, 〈코리올라누스와 애원하는 그의 어머니〉(1652~1653)
베토벤은 기원전 5세기 로마의 영웅 코리올라누스 이야기에서 예술적 영감
을 얻어 1807년에 〈코리올란 서곡(단조)〉을 썼다. 그는 조국의 배신으로 끝내
비극적 죽음을 맞이하는 코리올라누스의 모습을 음악으로 재현해냈는데,
실제로 이 곡을 듣고 있노라면 그의 죽음이 떠오르면서 처연한 심회에 젖게
된다.

〈코리올란 서곡
(단조)〉

사의 한 페이지를 장식했던 영웅 코리올라누스의 비극적 운명은 베토벤의 극적인 음악으로 되살아났다.

시대를 앞서간 초기 걸작

본의 독서회 회원들이 베토벤에게 단지 지적인 영향만을 준 것은 아니었다. 그들은 베토벤을 정식 작곡가로 인정하고 그에게 신작을 위촉하기도 했다. 베토벤이 스무 살이 되었을 때, 독서회에서는 그에게 중요한 작품을 의뢰했다. 바로 1790년에 완성한 〈황제 요제프 2세의 장송 칸타타〉(WoO 87)와 〈황제 레오폴트 2세의 대관식 칸타타〉(WoO 88)이다. 이 곡들은 거장 하이든도 칭찬을 아끼지 않았던 초기 걸작들이다.

1790년 2월에 요제프 2세의 서거 소식이 전해지자 독서회 회원인 아버동크Severin Anton Averdonk는 황제의 죽음을 추모하는 시를 썼고, 다른 회원들은 황제의 영명축일인 3월 19일에 아버동크의 시에 곡을 붙인 작품을 선보이자고 했다. 작곡을 누구에게 맡길지 의견이 분분했으나 결국 베토벤으로 결정이 났다. 독서회를 통해 독일 계몽주의 사상에 경도되어 있던 베토벤은 '계몽 군주'이자 '이성의 황제'로 불렸던 요제프 2세의 죽음을 추모하는 작품을 쓰는 일을 영광이자 기쁨이라고 생각했을 것이다. 그래서인지 〈황제 요제프 2세의 장송 칸타타〉는 도입부에서부터 강력한 악상으로 가득하다. 베토벤이 스무 살 무렵에 쓴 초기 작품임에도 이 곡에는 〈영웅〉의 2악장을 떠올리게 하는 깊은 고뇌가 느껴진다.

그러나 어찌된 일인지 이 놀라운 〈황제 요제프 2세의 장송 칸타타〉는 연주되지 못했다. 황제의 영명축일 행사 이틀 전인 3월 17일에 작성된 문서를 보면 "여러 가지 이유로 이 칸타타를 연주하지 않기로 결정했다"(『베토벤』, 66쪽)라고 쓰여 있다. 여기서 언급된 "여러 가지 이유들" 중에는 음악이 지나치게 장대하고 연주하기 어렵다는 것도 포함되어 있었다. 1791년 가을에 〈황제 요제프 2세의 장송 칸타타〉를 다시 한번 연주할 기회가 생겼다. 바트 메르겐트하임Bad Mergentheim에서 황실의 방문을 기념하여 이 곡을 선보일 예정이었다. 그러나 리허설 기간 중 악보의 거의 모든 부분에 대한 연주자들의 항의가 빗발쳤고, 모든 부분이 비정상적이라는 의견까지 나왔다. 결국 공연은 취소되었고, 베토벤 살아생전에 이 곡이 연주되거나 출판되는 일은 없었다. 젊고 패기 넘치는 베토벤의 시대를 앞선 작품들이 인정받기까지는 시간이 좀 더 필요했다. 그렇게 이 작품은 한동안 그 존재조차 잊혔다. 그러다가 1884년에 한 경매에서 악보 사본이 소개되면서 비로소 세상에 그 모습을 드러낸다. 이 곡의 가치를 단번에 알아본 천재 음악가가 있었는데, 그가 바로 19세기 독일의 작곡가 브람스Johannes Brahms다. 그는 비평가 한슬리크Eduard Hanslick에게 보내는 편지에 이렇게 썼다.

제목 페이지에 아무런 이름이 쓰여 있지 않다 하더라도 누구 다른 사람을 생각할 여지가 없습니다. 그것은 틀림없이 베토벤일 수밖에 없어요! 그 아름답고 고귀한 파토스와 숭고한 감정과 상상력 그

레오폴트 2세(왼쪽)와 요제프 2세

두 사람은 형제지간으로, 요제프 2세가 세상을 떠나자 그의 뒤를 이어 레오
폴트 2세가 제위에 오른다. 베토벤은 독서회의 작곡 의뢰를 받아 요제프 2세
를 추모하는 칸타타와 레오폴트 2세의 즉위를 기념하는 칸타타를 쓰게 되는
데, 대조적인 성격의 두 칸타타를 함께 작곡하는 것이 당시 관행이었다. 하지
만 이 두 곡은 당대에는 전위적이라고 평가받으며, 베토벤 살아생전에 무대
에 오르지 못했다.

〈황제 요제프 2세의
장송 칸타타〉

리고 격렬한 표현. 그뿐만 아니라 선언하고 주도하는 음성이 있고, 그의 후기 작품과 연관되고 거기에서 발견할 수 있는 온갖 특징들이 있습니다.

—『루트비히 판 베토벤 1』, 157쪽

브로이닝 저택의 살롱 음악회

청년 시절 베토벤은 가깝게 지내던 브로이닝 가문의 저택에서 휴식을 취하며 직업 음악가와 가장으로서의 무거운 책임을 내려놓았다. 이 저택에는 브로이닝Helene von Breuning 부인과 네 명의 자녀들이 살고 있었다. 궁정고문관이었던 남편을 잃고 어린 자녀들을 키우던 브로이닝 부인은 어머니를 일찍 여읜 베토벤을 아들처럼 보살폈다고 한다. 베토벤은 부인의 딸들에게 피아노를 가르쳐주었다. 그는 딸들 중 엘레오노레Eleonore von Breuning에게 연애 감정을 느꼈지만, 그녀는 베토벤이 아닌 그의 절친한 친구 베겔러와 결혼했다. 부인의 아들 슈테판Stephan von Breuning은 베토벤과 함께 본 궁정악단의 리더였던 리스Franz Ries에게서 바이올린을 배우러 다니며 우정을 쌓았다. 아마도 후에 베토벤이 슈테판에게 자신의 유일한 바이올린협주곡을 헌정한 것도 이런 인연 때문이었으리라. 두 사람은 빈에 방을 얻어 함께 생활하기도 했는데, 베토벤의 불같은 성격 때문에 사이가 멀어졌고, 급기야 베토벤이 다른 곳으로 이사를 가버렸다. 그럼에도 슈테판은 베토벤의 특이한 성격을 받아주며 평생 그의 곁을 지켰다.

베토벤은 궁정과 집안 일로 여유 시간이 많지 않았을 텐데도 브로이닝 저택에서 열리는 살롱에 자주 참석하거나 심지어 저택에서 지냈다고 한다. 계속되는 연주회 준비로 긴장의 연속인 음악가에게 음악 애호가들과의 즐거운 모임은 편안한 휴식이자 새로운 에너지를 얻는 활력소가 되기 때문이다. 살롱 문화 혹은 살롱 음악회는 베토벤 시대뿐만 아니라 오늘날에도 클래식음악을 전파하는 중요한 통로다. 대중음악에 비해 클래식음악을 좋아하는 사람이 그리 많지 않은 요즘 클래식 애호가들은 동호회를 통해 교류하며 함께 음악 이야기를 나누거나 음반을 감상하고 특별한 날에는 음악회를 열기도 한다.

브로이닝 저택에서 베토벤에게 있었던 일을 떠올리다 보니, 1990년대 중반 내가 실컷 쳐다보던 컴퓨터 PC통신의 파란 화면이 오버랩되었다. 그 당시 나는 오케스트라 연습과 석사 논문을 병행하는 와중에 시간을 쪼개어 틈틈이 PC통신 고전음악 동호회에 접속했다. 아마 그 공간이 없었더라면 업무와 학업에 대한 스트레스를 견디기 힘들었을 것이다. 그토록 좋아하던 음악에 대한 사랑마저 식어갈 지경이었던 그때, 클래식음악을 사랑하는 회원들과의 순수하고 재미있는 대화 내용이 내게 얼마나 큰 위로가 되었는지 모른다. 온라인 모임은 오프라인 정기 모임으로 이어졌고, 회원들을 중심으로 살롱 음악회가 열리기도 했다. 살롱 모임에 푹 빠진 나는 2001년 초반에는 말러의 음악을 연구하는 동호회를 만들었다. 당시 내가 몸담던 부천 필하모닉 오케스트라가 국내 최초로 말러의 교향곡 전곡 연주회 시리즈를 진행 중이었기에 말러의 음악을 좋아하는 동호인들과 함께 그의 작품을 감상하고 의견을 나누기 위해서 였다. 부천 필하모닉에서 말러의 〈교향곡 6번 a단조 비극적〉을 연주할 당시 말러 동호회의 자문을 받아 이 곡 4악장 피날레의 나무망치 타격을 세 번으로 결정한 적이 있다. 말러가 여러 차례 악보를 개정하는 바람에 나무망치의 타격 횟수가 악보의 판본에 따라 다른데, 어떤 악보를 쓸 것인지를 말러 애호가들의 의견에 따른 것이다. 음악가들은 이렇게 애호가들과의 교류를 통해 발전을 거듭하고 변화를 도모하기도 한다.

베토벤 역시 브로이닝 저택의 살롱 음악회에서 음악 애호가들과 교류하며 큰 기회를 얻게 되었다. 그는 살롱 음악회에 참석해 현란한 피아노 연주로 분위기를 띄우고는 했다. 그가 빈으로 건너가기 전에 브로이닝 가문을 통해 일찍부터 귀족들의 살롱 문화에 익숙해진 것은 매우 중요하다. 게다가 그는 후원자 발트슈타인 백작을 이곳에서 만났다. 이 만남이야말로 브로이닝 저택에서 베토벤이 얻은 최대 수확일 것이다. 빈에 아는 사람이 많았던 발트슈타인 백작의 적극적인 지원이 없었더라면 그가 낯선 도시 빈에서 안정적으로 자리 잡기는 힘들었을 것이다. 베토벤은 부담 없는 마음으로 친절한 브로이닝 가족들과 즐거운 대화를 나누고 피아노를 연주하기 위해 살롱 모임에 참석했겠지만, 그 자신도 의식하지 못하던 사이에 인생에서 결정적인 영향을 미치게 될 중요한 인맥을 만들어 간 것이다.

하이든과의 운명적인 만남

라인강 인근에 베토벤이 처음으로 하이든에게 작품을 선보인 무도회장 라 르두트La Redoute가 있다. 라 르두트는 본이 서독의 수도였을 당시 엘리자베스 2세와 페르시아 왕 등 여러 왕족들과 명사들이 다녀간 곳이라고 한다. 실제로 라 르두트를 직접 보니 18세기풍의 아담한 건물과 그 앞에 마련된 작은 분수가 잘 어우러진 멋진 곳이다. 내부는 화려한 샹들리에와 함께 로코코풍으로 장식되어 있다. 이 아름다운 무도회장에서 과연 어떤 일이 벌어졌을까? 라 르두트 입구의 안내문에는 이렇게 적혀 있다.

하이든은 1792년에 첫 번째 런던 여행을 마치고 돌아오는 길에 본에 들러 베토벤을 만났다. 베토벤은 자신의 칸타타 두 곡을 하이든에게 보여주었다. 하이든은 이 작품들을 크게 칭찬하며 베토벤에게 음악 공부를 열심히 하라고 격려했다.

하이든은 말년에 주로 빈과 런던에 머물렀기 때문에 어떻게 두 사람이 본에서 만날 수 있었는지 의문이 들었다. 자료를 찾아보니 하이든이 친구들을 만나기 위해 두 차례나 본을 방문했다고 한다. 말년의 하이든은 빈과 런던을 오가며 친구들도 만나면서 자유롭게 생활할 수 있었다. 그러나 이런 안락한 생활을 누리기까지 그는 오랜 세월 봉건귀족들에게 속박된 궁정음악가의 삶을 살아야 했다.

하이든은 전형적인 18세기 궁정음악가다. 젊은 시절의 그는 당

현악 4중주를 연주하는 하이든

바이올린 두 대와 비올라 한 대와 첼로 한 대가 조화를 이루는 현악 4중주의 토대를 닦은 이가 바로 하이든이다. 평생 300여 곡의 실내악을 작곡하며 왕성한 창작 활동을 펼친 그는 현악 4중주를 가장 중요한 장르로 여겼다. 현악 4중주는 네 사람이 호흡을 맞추면서 합주해야 하기 때문에 연주자 간의 관계가 무척 중요하다. 그래서 괴테는 현악 4중주를 가리켜 "네 명의 지성인이 나누는 대화"라고 이야기한 바 있다.

시 헝가리령이었던 아이젠슈타트Eisenstadt의 에스테르하지궁에 머물며 집사 정도의 대우를 받는 궁정악장이었다. 엄격한 규율에 따라 궁정의 오케스트라 단원들을 관리했고, 에스테르하지가를 위해 수많은 명곡을 썼다. 에스테르하지 후작이 바리톤baryton 연주를 좋아한다는 이유만으로 바리톤을 위한 작품을 100곡 넘게 쓰기도 했다. 하이든이 친구인 겐칭거 부인Marianne von Genzinger에게 쓴 편지를 보면 궁정에 예속된 채 살아가야 하는 음악가의 고통이 처절히 배어 있다.

나는 또다시 이곳에 머물러야 합니다. 부인은 짐작하리라 믿습니다. 끊임없이 속박되지 않으면 안 된다는 것은 슬픈 일입니다. 아마도 하느님의 섭리가 그렇게 하기를 바라는 것이겠지요. 나는 얼마나 불쌍한 존재입니까!

하이든의 궁정악사 생활은 무려 30년간 이어졌다. 그는 1790년에 에스테르하지 후작이 세상을 떠난 뒤에야 비로소 자유를 얻을 수 있었다. 영주의 자리를 물려받은 후작의 아들은 음악에 관심이 없었기에 악단을 해산해버렸다. 다만 오랫동안 가문에 봉사해온 하이든의 공을 인정하여 그에게 연금을 지급했다. 마침내 하이든은 연금을 받는 자유의 몸이 되었다. 때마침 공연기획자 잘로몬Johann Peter Salomon이 하이든에게 영국으로 가 새로운 교향곡들을 발표해보라고 제안했다. 예순 살을 바라보던 하이든은 장거리 여행을 해본 적도 없고 영어도 잘하지 못하지만 고민 끝에 그의 제안을 받아들였다. 그는 1791~1792년과 1794~1795년 두 차례에 걸쳐 런던을 여행했고 1790년 12월 첫 번째 런던 여행을 준비하는 중에 본에 들렀다. 당시 하이든에게 런던 여행을 제안한 잘로몬도 동행했다. 본은 잘로몬의 고향이었으니 그냥 지나칠 수 없었으리라. 본 궁정 악단의 오보에 주자였던 잘로몬의 아버지는 베토벤의 할아버지가 궁정악장일 당시에 연주 생활을 했다. 잘로몬의 형과 두 여동생 역시 본 궁정에 소속된 음악가였는데, 두 여동생은 베토벤의 아버지에게서 성악을 배우기도 했다. 덕분에 베토벤 집안과 가깝게 지내던 잘로몬은 고향의 재능 있는 젊은 음악가 베토벤을 거장 하이든에게 소개해주었다. 당시 본을 다스리던 프란츠 선제후도 베토벤이 하이든과 친해질 수 있도록 여러 차례 파티를 열어주는 등 종종 자리를 마련했다. 잘로몬부터 프란츠 선제후까지, 그들 모두 본의 자랑거리인 베토벤이 거장의 인정을 하루라도 빨리 받기를 바랐던 모양이다.

1792년 7월, 첫 번째 런던 여행을 성공리에 끝낸 하이든은 빈으로 돌아가던 길에 다시 본에 들렀다. 그는 라 르두트의 연회에서 베토벤을 만났고, 베토벤의 손에는 〈황제 요제프 2세의 장송 칸타타〉와 〈황제 레오폴트 2세의 대관식 칸타타〉의 악보가 들려 있었다. 한때는 연주가 거부되는 수모를 겪은 이 작품들이 하이든의 눈에 들어 빛을 발하기를 바라는 마음이었을 것이다. 그러나 이 작품을 훑어본 하이든이 상찬했다는 것만 전해질 뿐, 구체적으로 어떤 말을 했는지에 대한 기록은 없다. 내 나름대로 추측해보면 하이든이 베토벤 작품의 대범함에 내심 크게 놀라지 않았을까 싶다. 베토벤이 서른네 살에 완성한 교향곡 〈영웅〉에 담긴 비통한 불협화음과 고뇌

하이든에게 처음으로 작품을 선보인 라 르두트

1792년에 하이든은 런던 여행 중에 들른 본의 무도회장 라 르두트에서 베토벤을 만나게 된다.
이날의 만남을 계기로 프란츠 선제후와 본의 귀족들은 베토벤이 음악가로서 한층 더 발돋움
하기 위해서는 하이든으로부터 음악 수업을 받을 필요가 있다고 생각하여, 그를 빈으로 보낼
계획을 마련한다.

에 찬 절규가 이미 〈황제 요제프 2세의 장송 칸타타〉에서 드러나 있으니 말이다.

하이든의 손을 통해 모차르트의 정신을

라 르두트에서 하이든과 베토벤의 만남 이후, 베토벤의 재능과 그의 비범한 음악을 사랑했던 본의 귀족들은 그가 음악의 도시 빈으로 건너가 거장 하이든으로부터 음악을 배우기를 바랐다. 그중에서도 발트슈타인 백작이 무척 적극적이었다. 베토벤의 초기 후원자들 중 매우 중요한 인물로 꼽히는 발트슈타인 백작은 본래 빈 태생으로, 그의 집안은 빈의 귀족 가문 중에서도 최상류층에 속했다. 그는 열정적인 음악 애호가이자 수준급의 피아니스트 겸 작곡가였고, 빈에 머무르던 시절에는 모차르트와 자주 교류했다. 그는 1789년 프란츠 선제후의 명으로 쾰른 대주교 및 선제후국의 고문관으로 본에 왔다. 본의 지성인들이 모이는 체어가르텐의 단골손님이 된 그는 독서회 회원으로 활동하다가 나중에는 독서회 회장까지 맡았다. 조금은 유별난 귀족으로 통했던 발트슈타인 백작은 다양한 분야에서 활약했는데, 극본에서부터 의상, 무대미술, 음악에 이르기까지 본 궁정 무대를 위한 축제의 모든 분야를 기획하며 유능한 공연 기획자로 부상했다.

유능한 기획자는 뛰어난 예술가를 알아보는 법이다. 발트슈타인 백작은 브로이닝 저택에서 베토벤의 즉흥연주를 듣고는 그의 비범한 재능을 단번에 알아차렸다. 그의 현란한 즉흥연주는 어디에서도 들어본 적 없는 놀라운 것이었다. 그날 이후로 베토벤의 절대적인 지지자가 된 발트슈타인 백작은 그에게 재정적인 지원을 아끼지 않았으며 그것이 자칫 베토벤의 자존심에 상처가 될까 우려하며 프란츠 선제후가 하사하는 소소한 선물이라는 방식으로 그를 남몰래 후원했다. 베토벤이 빈으로 갈 수 있도록 프란츠 선제후를 설득한 것도 그였다. 발트슈타인 백작의 적극적인 노력 덕분에 프란츠 선제후는 베토벤의 휴가와 재정 지원 문제를 승인해주었다. 이로써 베토벤에게 매우 중요한 두 번째 빈 여행이 성사되었다.

이처럼 아낌없이 지원해준 발트슈타인 백작에게 베토벤은 감사한 마음을 오랫동안 간직했던 모양이다. 그는 빈에서 활동하던 시기인 1804~1805년에 발트슈타인 백작과 개인적인 교류가 없었음에도 그에게 헌정하는 〈발트슈타인〉을 작곡했다. 이 곡은 베토벤이 남긴 서른두 개의 피아노소나타 중에서도 장려하고 웅대한 악상을 담고 있어 매우 뛰어난 작품으로 손꼽힌다. 이 소나타의 연주 효과가 뛰어난 것은 당시 베토벤이 구입한 피아노의 성능과 무관하지 않을 것이다. 그는 페달 장치가 더 많이 달린 에라르 피아노를 사용했기 때문에 좀 더 화려한 곡을 쓸 수 있었다. 프랑스에서는 〈발트슈타인〉의 빛나는 아름다움에 주목해 '오로라 소나타'라고 부르기도 하고, 1악장이 저음으로 시작해 점차 빛을 더해가듯 찬란하게 변하는 것이 해가 떠오르는 것 같다고 하여 '여명 소나타'라고도 부른다.

베토벤의 작품 중에 발트슈타인이라는 이름이 들어간 곡이 또 있다. 그가 청년 시절에 작곡한 〈발트슈타인 백작의 주제에 의한 네

에라르 피아노

피아노는 17세기 말 이탈리아의 악기제작자 크리스토포리Bartolomeo Cristofori가 처음 발명
한 이래 성능을 개선하면서 발전을 거듭해왔다. 18세기 말 엄청난 음역과 음량을 자랑하는 에
라르 피아노의 발명으로 베토벤은 보다 풍부한 표현을 요하는 곡들을 쓰고 연주할 수 있게 되
었으니 그야말로 피아노 발전의 수혜자라고 할 수 있지 않을까.

손을 위한 여덟 개의 변주곡 C장조〉(WoO 67)다. 베토벤이 빈으로 떠나던 1792년에 완성된 것으로 추정되는 이 음악은 그가 네 손을 위한 피아노곡으로 작곡한 최초의 작품이다. 발트슈타인 백작이 작곡한 주제에 여덟 개의 변주를 붙여 백작에게 헌정했기 때문에 더욱 특별한 곡이다.

베토벤이 빈으로 떠나기 전날인 1792년 11월 1일 체어가르텐에서 송별 파티가 열렸다. 당시 그의 친구들은 베토벤에게 행운을 비는 인사말이나 시 혹은 그림을 그린 작은 노트를 선물했다. 여러 친구들이 그의 성공적인 빈 여행을 기원하는 아름다운 글을 적었지만, 그중에서도 발트슈타인 백작의 인사말은 매우 특별하다.

사랑하는 베토벤!
이제 빈으로 가서 오랜 꿈을 실현하게. 모차르트의 수호신은 아직도 제 아이의 죽음을 애도하며 울고 있네. 그는 지칠 줄 모르는 하이든에게서 위안을 얻고는 있지만, 아직도 그를 차지하지는 못했네. 그를 통해 수호신은 누군가 다른 이와 하나가 되기를 바라고 있네. 쉼 없이 노력한다면 그대는 하이든의 손을 통해 모차르트의 정신을 얻게 될 것이오.

특히 마지막 문장이 의미심장하다. 베토벤이 하이든과 모차르트를 계승한 위대한 음악가로 성장하게 될 것을 암시하고 있다. 세 사람을 함께 거론한 이 인사말은 지금의 우리에게는 지극히 당연한 것처럼 느껴진다. 고전파음악의 3대 거장이라고 하면 하이든과 모

발트슈타인 백작의 편지

발트슈타인 백작은 브로이닝 저택에서 베토벤의 즉흥연주를 듣고는 그의 대담한 음악 세계에 완전히 매료되었다. 그는 베토벤이 빈으로 떠날 때 따뜻한 격려의 말로 인사를 대신했는데, 베토벤을 하이든과 모차르트에 견주는 그의 통찰력이 그저 놀라울 뿐이다.

피아노소나타 21번
〈발트슈타인〉

차르트와 베토벤을 언급하는 것이 너무나도 익숙하기 때문이다. 그러나 베토벤의 청년 시절에 이런 말이 나왔다면 이야기가 달라진다. 아직은 작곡가로서 큰 인정을 받기 전의 청년 베토벤에게 "하이든의 손을 통해 모차르트의 정신을 얻게 되리라"는 말은 큰 부담이었을 수도 있다. 과연 그는 빈으로 건너가서 하이든과 모차르트의 뒤를 잇는 위대한 작곡가로 성장할 수 있을 것인가? 1792년 그가 빈으로 향할 때까지만 해도 그것은 알 수 없는 일이었다.

빈을 사로잡은
즉흥연주의 귀재

빈에 입성하다

이곳 날씨는 무척 덥습니다. 빈 사람들은 아이스크림을 더 이상 먹지 못하게 될까 걱정하고 있어요. 겨울인데도 너무 따뜻해 얼음이 귀해졌거든요.

빈 공항에 내리자마자 베토벤이 본의 짐로크Nikolaus Simrock에게 보낸 편지 내용을 실감할 수 있었다. 본과 빈의 기온 차는 10도 이상 되는 것 같았다. 불과 몇 시간 전까지 초가을 같은 곳에서 지내다가 한여름 같은 빈에 도착하니 더욱 무덥게 느껴진다. 하늘에는 구름 한 점 없고, 작열하는 태양은 무엇이든 녹여버릴 기세다.

베토벤이 빈으로 떠난 1792년은 여행하기에 그리 좋은 여건이 아니었다. 당시 오스트리아-프로이센 연합군은 반프랑스 동맹을 맺어 프랑스와 전쟁을 벌이던 중이었고, 전세는 프랑스에 유리하게 돌아가고 있었다. 베토벤이 탄 마차는 연합군의 행군 지역을 통

음악의 도시 빈

빈은 음악의 도시라는 별칭이 무색하지 않을 만큼 수많은 공연을 즐길 수 있는 곳이다. 베토벤은 프란츠 선제후와 본 귀족들의 후원에 힘입어 당시 문화의 중추적인 역할을 하던 빈으로 건너간다. 첫 번째 빈 여행이 별 성과 없이 짧게 끝났던 반면, 두 번째 빈 여행은 베토벤을 성공적인 자유음악가로 이끈 여정이었다. 이 사진은 우리나라의 명동과 같은 곳인 콜마르크트 거리를 찍은 것으로, 중앙에 있는 건축물은 합스부르크가의 영광이 배어 있는 호프부르크궁이다.

과해야 했는데, 그 지역을 무사히 지나가기 위해서 병사들에게 팁을 지불했다. 그 순간을 두고 베토벤은 마부 녀석이 미친 듯이 내달려 몽둥이세례를 받는 것 같았다고 이야기했다. 그가 1787년에 첫 번째 빈 여행을 마치고 돌아온 후 비용이 많은 부담이었다고 투정하는 내용의 편지를 보낸 것을 보면, 두 번째 빈 여행에 드는 경비를 마련하는 일 또한 큰 부담이었으리라. 프란츠 선제후와 본 귀족들의 후원금이 없었더라면 어떻게 청년 가장이었던 베토벤이 빈 여행을 꿈꾸었겠는가. 어쨌든 천신만고 끝에 프랑크푸르트까지 간 그는 뉘른베르크Nürnberg와 레겐스부르크Regensburg, 파사우Passau, 린츠Linz를 거쳐 간신히 빈에 도착했다.

베토벤이 빈에 갓 도착했을 때가 11월 10일이었으니 계절은 벌써 늦가을로 접어들고 있었다. 잿빛 구름으로 뒤덮인 우울한 도시 빈에서 그는 홀로 모든 일을 해내야 했다. 그의 수중에는 몇 곡의 악보와 생활에 필요한 약간의 소지품, 얼마간의 돈, 발트슈타인 백작이 써준 추천장과 하이든에게 음악을 배우기 위한 초청장이 전부였다. 낯선 곳에서 생활해야 한다는 불안감이 그를 엄습했으리라. 베토벤은 한동안 다락방에서 "비참하게 지냈다"라고 할 정도로 궁핍한 생활을 이어나갔다. 그가 본의 궁정음악가로 일하며 받았던 300플로린으로는 물가가 비싼 빈에서 생활하기에 턱없이 부족했다. 그는 피아노 레슨을 하며 부족한 생활비를 충당했다. 당시 빈에서 방 하나를 빌리려면 한 달에 14플로린 정도를 내야 했고, 와인을 곁들인 식사를 하려면 16플로린 정도 필요했다. 그는 피아노를 빌리고 생활용품을 마련하기 빠듯한 상황이었음에도 옷차림에 신경을 쓰는 빈 사람들과 어울리기 위해 유행이 한참 지난 가발을 사기도 했다.

베토벤은 빈에 도착한 지 얼마 지나지 않아 발트슈타인 백작이 써준 추천장을 들고 리히노프스키Karl Lichnowsky 후작을 찾아갔다. 백작과 후작은 친척 관계였기 때문에 베토벤이 가져간 추천장은 즉각적인 효력을 발휘했다. 오래 지나지 않아 리히노프스키 후작은 베토벤을 자신의 집에 머무르게 하고 후원금까지 지급했다. 베토벤이 빈으로 건너간 초기부터 리히노프스키 후작의 전폭적인 후원을 받을 수 있었다는 것은 대단한 행운이다. 리히노프스키 후작은 발트슈타인 백작과 마찬가지로 빈의 귀족 가문 중에서도 최상류층이었다. 또한 그는 열렬한 음악 애호가이자 모차르트의 후원자이기도 했다. 청년 시절에 라이프치히에서 법학을 공부하던 시절에도 예술에 매료되었던 그는 바흐Johann Sebastian Bach의 음악에 빠져 있었고, 빈으로 되돌아와서는 모차르트에게서 피아노를 배웠다. 물론 리히노프스키 후작은 귀족들의 살롱에서 열리는 음악회에도 활발하게 참석했다. 툰Maria Wilhelmine von Thun 백작부인의 수준 높은 살롱 모임에도 참석했는데, 그곳에서 만난 툰 백작부인의 딸을 아내로 맞이했다. 그녀 역시 열렬한 음악 애호가였고, 귀족들 사이에서 매우 뛰어난 피아니스트로 명성이 자자했다. 이처럼 음악적 소양이 있었던 리히노프스키 후작 부부는 베토벤이 발트슈타인 백작의 추천장을 들고 찾아왔을 때부터 일찌감치 그의 재능을 알아보았을 것이다.

그렇다고 해서 리히노프스키 후작이 처음부터 베토벤에게 좋은 거처를 마련해주고 전폭적인 지원을 한 것은 아니었다. 우선 그는 베토벤을 저택 1층의 한 인쇄업자가 쓰던 작고 초라한 방에 머무르

리히노프스키 후작

베토벤의 후원자를 이야기할 때 리히노프스키 후작을 빼놓을 수 없다. 음악을 사랑했던 그는 베토벤을 아들처럼 아꼈다고 한다. 베토벤이 낯선 빈에 무사히 정착할 수 있었던 것도 리히노프스키 후작의 후원 덕분이었다.

게 했다. 그나마 베토벤에게 위안이 된 것은 집세도 식비도 들지 않았다는 점이다. 그러다가 베토벤은 2층의 좀 더 넓고 쾌적한 방으로 거처를 옮기게 되었는데, 이는 그의 연주에 강하게 매료되었던 후작부인의 입김 덕분이었다. 이즈음부터 리히노프스키 후작 부부는 베토벤에게 정기적으로 용돈도 주면서 아들처럼 보살폈다. 그러나 리히노프스키 후작이 베토벤을 전폭적으로 후원한 이유에 대해서 부정적인 의견을 피력하는 학자들도 있다. 베토벤에 대한 후원이 리히노프스키 후작의 이기심에서 비롯되었다는 카이에르스의 주장이 대표적이다. 당시 관악 앙상블이 인기를 모았던 빈에서는 귀족들이 관악 8중주단을 소유하고 개인적으로 음악회를 여는 일이 많았다. 반면에 어떤 귀족들은 관악 앙상블보다 비용 면에서 한층 경제적이고 더 강한 인상을 전해주는 비르투오소를 후원하는 방식을 택했는데, 리히노프스키 후작이 그랬다. 빈 귀족 사회에서는 자신이 후원하는 음악가의 수준이 곧 그 자신의 고상한 취향을 드러내는 것인 만큼 베토벤과 같은 특출한 비르투오소 한 명을 집중적으로 후원하는 것이 리히노프스키 후작으로서는 매우 효과적인 선택이었기 때문이다.

그렇다면 베토벤의 입장에서 후작의 후원 방식은 어떠했을까? 예술가로서의 자아가 강했던 베토벤에게는 그리 좋은 방식이 아니었던 모양이다. 베토벤에게 지나친 관심을 보이고 시시콜콜 간섭을 하는 리히노프스키 후작의 태도는 베토벤을 괴롭게 했다. 게다가 베토벤에게 매년 600플로린을 지급했는데, 이는 매우 애매한 금액이었다. 리히노프스키 후작에게는 푼돈에 불과한 이 돈이 베토벤에게는 거절할 수 없을 정도의 큰돈이었던 것은 사실이다. 그러나 후에 베토벤이 음악가로서 자리를 잡으면서 세 명의 귀족들로부터 매년 지급받은 후원금이 4,000플로린이었다는 점을 감안한다면 음악 활동에만 전념하며 살아가기에 600플로린은 매우 부족한 금액이라는 것을 알 수 있다. 돈이 필요할수록 베토벤은 리히노프스키 후작에게 속박될 수밖에 없었고, 후작은 이를 빌미로 베토벤에 대한 독점권을 행사했다.

후원자와 예술가 사이의 미묘한 관계는 예나 지금이나 존재한다. 후원자는 예술가에게 경제적인 지원을 하는 대신 그의 작품에 대해 간섭하려는 경향이 있다. 또 예술가는 후원금을 필요로 하면서도 그들의 관심과 손길로부터 벗어나려고 한다. 리히노프스키 후작과 베토벤도 마찬가지였다. 리히노프스키 후작은 베토벤을 전폭적으로 후원함으로써 그에게 작품 수정을 요구할 수 있는 권리를 획득하게 되었다. 게다가 그는 연애가 경력을 쌓는 데 방해가 된다면서 베토벤의 사생활에까지 개입했다. 리히노프스키 후작의 지나친 과보호와 관심이 불편했던 베토벤은 그의 손아귀에서 빠져나가려고 했지만 쉽지 않았다. 리히노프스키 후작과의 불편한 관계 속에서도 그는 살롱 음악회에서 놀라운 기량을 선보이며 음악가로서의 더 큰 도약을 꿈꾸었다.

베토벤이 지내던 방

베토벤은 리히노프스키 후작의 저택에 기거하며, 당대 최고의 음악가들과 교류할 수 있는 기회를 가졌다. 그는 이 방에 머물며 하이든에게서 작곡을 배웠다.

하이든과의 음악 수업

두 번째 빈 여행의 주된 목적이 하이든에게서 음악을 배우는 것이었으니, 베토벤은 머무를 방을 구하자마자 서둘러 그에게 갔다. 1792년 11월부터 시작된 작곡 수업은 1794년 1월에 하이든이 두 번째 런던 여행을 떠나기 전까지 계속되었다. 다시 말해 베토벤은 약 14개월간 하이든으로부터 레슨을 받은 셈이다.

그는 단지 '거장 하이든의 제자'라는 타이틀만으로 빈 음악계의 주목을 받는 유리한 고지를 점했다. 물론 그에 따른 위험 부담도 있었다. 유명한 스승의 제자로 들어가면 성공 가능성이 높아지는 것은 사실이지만, 반대로 스승의 그늘에서 벗어나기 어려워질 수도 있다. 하이든의 충직한 제자였던 헨젤Peter Hänsel과 슈트루크Paul Struck 등의 음악가들은 결코 스승의 그늘에서 벗어날 수 없었다. 이들은 베토벤보다 못한 동시대 작곡가로 분류될 뿐이다. 베토벤도 처음에는 그들과 다를 바 없는 상태에서 하이든과의 수업을 시작했다. 그렇다면 베토벤은 그에게서 무엇을 배웠을까? 언젠가 베토벤은 제자 리스에게 "하이든으로부터 배운 게 하나도 없다"라고 이야기했다고 한다. 다소 오만하게 느껴지는 그의 발언은 사실일까?

주로 제자인 경우가 많았던 나는 어쩔 수 없이 베토벤의 입장에 공감하지만, 그럼에도 불구하고 스승 하이든에 대한 변명을 해본다. 베토벤을 지도할 당시의 하이든은 감정적으로나 일에 있어서나 여유가 없는 상태였다. 1791년에 그토록 아끼던 모차르트가 세상을 떠난 이후 그는 오랜 기간 슬픔에 젖어 있었다. 설상가상으로 그토록 존경하던 친구 겐칭거 부인까지 1793년에 세상을 떠나는 바람에 그의 슬픔은 더욱 깊어졌다. 연애 문제도 그의 마음을 어지럽혔다. 그는 런던에 있는 슈뢰터Rebecca Schroeter에게 연애 감정을 느꼈지만 그녀와 결혼할 수 없었고, 오랜 연인이었던 가수 폴첼리Luigia Polzelli와의 관계도 청산할 수밖에 없었다. 하이든은 이미 1760년에 켈러Maria Anna Keller와 결혼했는데, 모든 면에서 그녀와 맞지 않았기에 결혼 생활은 두 사람 모두에게 큰 불행이었다. 그러나 당시 교회법에 따라 이혼을 할 수 없었던 하이든은 어쩔 수 없이 결혼 생활을 유지해야 했고, 연애 또한 포기할 수 밖에 없었다. 이런 복잡한 상황에서 그는 또다시 이듬해 떠날 두 번째 런던 여행 준비로 매우 바쁜 상태였으니 베토벤을 열정적으로 가르칠 마음의 여유는 없었을 것이다.

실제로 하이든은 베토벤이 해온 대위법 문제 풀이 가운데 고작 6분의 1정도만 수정해주었고, 그나마 오류가 수정되지 않았거나 잘못 수정한 경우도 있었다. 그러나 하이든이 베토벤의 대위법 숙제를 잘 봐주었는지는 부차적인 문제다. 베토벤은 14개월간 하이든과 함께하며 그가 작곡하는 과정을 옆에서 지켜볼 수 있었고, 하이든의 작품을 오선지에 다시 옮겨 적으며 그의 스타일을 익혔을 것이다. 이미 본에서 네페로부터 배운 지식으로 작곡의 기초를 닦은 베토벤이 대위법의 시시콜콜한 규칙까지 하이든에게서 배울 필요는 없었다. 오히려 하이든과의 수업에서 중요한 것은 그가 평생 정교하게 갈고닦은 고전파음악 양식을 체득하는 것이리라.

어쨌든 하이든의 세심한 보살핌을 받지 못한 베토벤은 그가 자신에게 무관심하다고 느꼈던 모양이다. 그래서 이 시기에 베토벤이 하이든 몰래 작곡가 셍크Johannes Schenck에게서 수업을 받았다는 설도 있다. 그가 셍크로부터 음악 수업을 받게 된 배경에 대해서는 다음과 같은 이야기가 전해진다.

어느 날 보헤미아 출신의 피아니스트이자 작곡가 겔리네크Abbé Gelinek는 셍크에게 모차르트 이후로는 본 적이 없는, 피아노 연주 기교가 매우 뛰어난 젊은 음악가 베토벤을 만난 이야기를 꺼낸다. 그러면서 지나가는 말로 그가 하이든에게서 대위법을 교육받은 지 6개월이 넘었는데도 제대로 된 수업이 이루어지지 않아 그 수준이 초보적인 단계에 머물러 있다는 것이다. 배움에 대한 열망이 큰 베토벤이 하이든과의 수업에 불만을 느끼는 상황을 안타깝게 여긴 겔리네크가 셍크에게 베토벤의 대위법 공부를 도와줄 수 있는지 의향을 물어본다. 이후 베토벤은 셍크를 통해 하이든과의 부족한 수업을 보충했다. 심지어 셍크가 하이든이 베토벤에게 내준 숙제까지 대신해주었다고 한다.

만일 베토벤의 비밀 수업이 사실이라면 하이든으로서는 노발대발할 만한 일이다. 다른 이에게서 몰래 수업을 받는 일은 자신을 배신하는 행위나 마찬가지이기 때문이다. 그러나 이 증언은 쉰들러Anton Schindler의 입에서 나온 말로, 그가 쓴 베토벤 전기에는 오류가 많다는 의견이 있는 만큼 신빙성이 떨어진다. 또 하이든을 별로 좋아하지 않았던 셍크가 그를 깎아내리기 위해 그의 제자인 베토벤을 몰래 가르쳤다고 주장했을 가능성도 있다.

베토벤의 말과 달리 그의 작품에는 하이든으로부터 배운 것들이 분명하게 드러난다. 주제를 정교하게 발전시키는 방식, 짜임새 있는 작품 구성, 소나타와 협주곡에서 드러나는 교향악적인 원리, 허를 찌르는 표현으로 웃음을 자아내는 유머, 이 모든 것을 하이든에게 빚지고 있으면서도 그에게서 배운 것이 하나도 없다고 말한 것은 지나친 표현이다. 이는 일찍이 하이든이 자신의 작품을 비판한 것에 대한 분노의 표출 정도로 보면 좋을 것 같다.

하이든은 베토벤의 〈피아노 3중주〉(Op. 1)를 이루는 세 곡 가운데 베토벤 자신이 특히 좋아했던 3번 c단조에 대해 비판한 적이 있다. 처음부터 강한 파토스를 자아내며 긴박감 넘치게 전개되는 이 곡의 격정적인 면이 못마땅했던 것 같다. 이때부터 조금씩 금이 가기 시작한 두 사람의 관계는 베토벤이 작곡가로서 명성을 얻을 무렵인 1800년경부터 더욱 악화되었다. 하이든은 점점 미래지향적이 되어가는 베토벤의 음악을 이해할 수 없었다. 〈프로메테우스의 창조물〉(Op. 43)은 받아들일 수 있었지만, 교향곡 〈영웅〉은 이해할 수 없었던 것이다. 한번은 하이든이 베토벤에게 〈프로메테우스의 창조물〉을 칭찬한 일이 있었다. 그러자 베토벤은 "파파, 정말 친절하시네요. 하지만 그것은 〈천지창조〉에는 훨씬 미치지 못하는걸요"라고 했다. 하이든은 젊은 신예 음악가에 불과한 베토벤이 감히 자신의 걸작 오라토리오 〈천지창조〉와 그의 작품을 비교하는 것에 몹시 언짢아하며 이렇게 응수했다. "자네 말처럼 그 작품은 〈천지창조〉가 아니야. 앞으로도 그 정도가 될 것 같지 않네!" 하이든과 베토벤에 관한 이 유명한 일화에서 두 작곡가의 경쟁심은 노골적으로 드러난다.

당시 하이든은 자신을 뛰어넘게 될지도 모르는 제자 베토벤에게 위협을 느꼈을 수 있다. 스승 하이든과 제자 베토벤 사이의 미묘한 갈등은 오늘날의 음악계에서도 흔히 볼 수 있는 풍경이다. 뛰어난 제자를 아래에 두고자 하는 스승과 스승의 그늘에 머무르기를 원치 않는 제자, 수업에 그다지 성의가 없는 스승과 그럴수록 배우려는 열망에 불타는 제자, 제자의 재능을 은근히 질투하는 스승과 스승을 뛰어넘으려는 오만한 제자…… 가족이나 다름없이 가까운 관계에서 이루어지는 도제식 음악 교육의 특수성으로 인해 스승과 제자 사이의 갈등은 피하기 어렵다. 비록 그 갈등이 겉으로 드러나지 않더라도 말이다.

애증이라는 양가감정이 들끓었던 두 사람은 말년에 이르면 서로를 인정한다. 하이든은 주변 사람에게 베토벤의 근황에 대해 물으며 그를 보고 싶어 했다고 한다. 베토벤 역시 하이든이 세상을 떠나기 1년 전인 1808년에 열린 그의 일흔여섯 살 생일 기념 콘서트에 참석하여 그에게 경의를 표했다. 〈천지창조〉가 공연된 그날, 베토벤은 무릎을 꿇고 연로한 스승의 손과 이마에 열정적으로 키스를 했다. 말년의 베토벤은 하이든에 대해 깊은 존경심을 드러내며 그를 헨델과 바흐, 모차르트와 동등한 음악가로 치켜세웠다. 세상을 떠나기 몇 주 전에 빈의 출판업자로부터 로라우Rohrau에 있는 하이든의 생가를 그린 그림을 선물로 받은 베토벤은 감동하여 이렇게 말했다. "이것 보게나, 오늘 받은 걸세. 집이 아주 작지 않나! 여기서 그렇게 위대한 사람이 태어났다네"(『베토벤』, 157쪽).

하이든의 〈천지창조〉

오라토리오 〈천지창조〉는 하이든이 평생에 걸쳐 축적한 다양한 음악적 기법이 반영된 기념비
적 저작이다. 이 작품은 천지가 만들어지는 7일간의 과정을 음악적으로 표현한 곡으로, 『구약
성경』의 「창세기」와 「시편」, 밀턴John Milton의 대서사시 『실낙원』을 바탕으로 했다. 〈천지창
조〉는 지금도 꾸준히 연주되며, 아래의 사진은 가디너John Eliot Gardiner의 지휘하에 오케스
트라가 〈천지창조〉를 공연하는 모습이다.

리히노프스키 후작의 살롱에서는 금요일 아침마다 음악회가 열렸다. 주로 4중주곡들이 연주되었으며, 빈에서 매우 뛰어난 음악가들이 초청되었다. 그중에는 바이올리니스트 슈판치히Ignaz Schuppanzigh, 첼리스트 크라프트Anton Kraft 같은 당대 최고의 연주자들도 포함되었다. 베토벤은 이들과 인연을 맺으며 빈 음악계의 중심인물로 떠오르기 시작했다. 빈의 살롱 음악회는 리히노프스키 후작 부부와 그의 장모, 슈비텐Gottfried van Swieten 남작, 로브코비츠 공작 등과 같이 높은 수준의 예술적 취향을 지닌 귀족들이 주도했다. 특히 리히노프스키 후작의 장모인 툰 백작부인은 살롱의 수준을 매우 중요하게 생각해서 아무나 초대하지 않았다. 그녀는 살롱에 온 이들에게 다른 곳에서는 볼 수 없는 최상급 공연을 선보였다.

당시 귀족의 살롱에서는 뛰어난 피아니스트들이 연주 대결을 벌이는 것이 매우 흥미로운 오락거리였다. 피아니스트들의 즉흥연주 대결은 마치 검투사의 경기나 야수들의 싸움처럼 묘사되었는데, 베토벤은 항상 상대방을 완전히 압도했다. 특히 그가 빈에서 생활한 지 얼마 되지 않았을 때 유명 피아니스트인 겔리네크와의 첫 연주 대결에서 승리를 거두었다는 이야기는 빈 사람들 사이에서 한동안 화젯거리였다. 겔리네크는 모차르트를 닮은 가볍고 경쾌한 연주 스타일을 선보여 대중적인 인기에 영합하는 피아니스트로, 베토벤보다 인지도가 훨씬 높았다. 단순하고 경쾌한 그의 작품들은 18세기 후반기의 음악 애호가 시장과 대중적인 가치를 지향하고 있었다. 그는 당시 수요가 높았던 피아노 변주곡을 많이 작곡했는데, 그의 변주곡은 연주하기 쉬웠고 단순했으며 그다음에 어떤 전개가 이어질지 충분히 예측 가능한 관용적인 표현으로 가득했다. 체르니가 당시의 상황을 기록한 내용을 보면 겔리네크는 베토벤과 겨루기 전에 자신의 승리를 확신했던 모양이다. 당시 일화를 소개하자면 다음과 같다.

어느 날, 겔리네크는 체르니의 아버지를 만나 파티에 초대받아 처음 보는 피아니스트와 시합을 벌이게 되었다고 이야기하며, 의기양양한 목소리로 "그를 찍소리도 못 하게 만들 겁니다"라고 덧붙인다. 그러나 그다음 날 그에게 시합의 결과에 대해 물었더니 맥 빠진 목소리로 말하기를, "저는 그런 연주를 지금껏 들어본 적도 본 적도 없었습니다. 그 젊은이는 악마와 손을 잡은 게 분명합니다! 그는 모차르트도 할 수 없는 즉흥연주를 펼치더군요. 그가 즉석에서 선보인 곡은 매우 높은 수준이었고, 웅대했으며, 우리 같은 사람은 생각지도 못할 갖가지 연주 효과들을 담고 있었습니다." 그의 이야기를 듣던 체르니의 아버지는 깜짝 놀라 그 피아니스트의 이름을 묻는다. 겔리네크는 잠시 숨을 고르더니 말을 이어간다. "작고, 못생기고, 고집 센 모습이었습니다. 리히노프스키 후작이 몇 해 전에 본에서 데려온 사람인데, 하이든과 알브레히츠베르거 Johann Georg Albrechtsberger 그리고 살리에리 Antonio Salieri 와 공부한 그의 이름은 베토벤입니다."

당시만 하더라도 무명에 가깝던 베토벤이 귀족 살롱의 피아노 대결에서 인기 음악가 겔리네크를 이겼다는 것은 매우 중요한 의미가 있다. 이는 베토벤의 진지하고 독창적인 연주 스타일이 귀족들

즉흥연주의 귀재

즉흥연주란 악보 없이 연주자 자신의 감정에 솔직히 반응하며 작곡과 연주를 동시에 진행해야 하는 연주를 말한다. 베토벤은 난해한 주제가 주어져도 탁월한 순발력과 창작력으로 독창적인 연주를 선보였다. 청중들은 그의 정열적이면서 대담한 즉흥연주에 탄복하며 눈물을 글썽였다고 한다.

의 주목을 받기 시작했음을 말해준다. 베토벤은 어디서도 들을 수 없는 화려하고 상상력이 풍부한 연주로 겔리네크를 제압했고, 이로써 겔리네크로 대표되는 가볍고 대중적이며 유행을 따르는 음악가들과는 정반대편에 선 진지한 음악가로 분류될 수 있었다. 그리고 바로 그런 점이 빈 최상류층 귀족들의 관심을 끌었다. 슈비텐 남작을 비롯하여 진지한 음악을 추구하는 영향력 있는 인물들이 빈 귀족 사회의 음악 취향을 이끌고 있었던 만큼, 인기에 영합하지 않고 자신만의 예술 세계를 선보인 베토벤은 어디에서도 찾아볼 수 없는 그 '독창성' 덕분에 빈 귀족들의 주목을 받을 수 있었다.

빈의 최상류층 귀족들은 베토벤의 독창적인 음악에 매료되어 있었다. 체르니가 남긴 글에 따르면, 베토벤의 즉흥연주는 화려하여 눈을 뗄 수 없게 만들었고, 그의 연주를 듣고 눈물을 흘리지 않는 청중이 없었으며, 어떤 사람들은 큰 소리로 흐느껴 울 정도였다고 한다. 사람들이 입을 모아 이야기하기를, 그의 음악에는 형언할 수 없는 경이로움이 서려 있었다. 귀족들은 베토벤에게 돈과 선물을 아낌없이 바치며 버릇이 나빠질 정도로 그를 떠받들었다. 한번은 리히노프스키 후작의 저택을 방문한 툰 백작부인이 소파에 기대앉은 베토벤 앞에 무릎을 꿇고 제발 뭐든지 연주해달라고 애원했으나 거절당하는 일마저 있었다.

그러나 여전히 의문은 남는다. 어떻게 이토록 사교성 없는 베토벤이 과감하고 실험적이며 독창적인 음악으로 빈 귀족 사회에 그토록 쉽게 받아들여졌는지 말이다. 대단히 혁신적이며 거친 불협화음이 섞인 베토벤의 음악은 '귀족적'이라는 단어와는 그리 어울리지 않게 들린다. 그럼에도 빈의 귀족들은 일반적인 음악 취향과 타협하지 않는 베토벤의 음악에 열광했다. 이는 베토벤이 빈으로 건너간 해부터 빈 귀족 사회의 음악 취향이 변하고 있었다는 사실과 관련이 있다. 당시 귀족 사회에서는 듣기 쉽고 우아하고 편안한 음악보다는 좀 더 진지하고 구성이 탄탄한 음악을 선호하는 경향이 두드러졌다. 음악을 가볍게 즐긴다기보다는 진지한 태도를 가지고 '감상'한다는 개념이 생겨나기 시작했다. 또한 음악 작품을 생산해내는 음악가의 창조성에 대한 존중, '천재' 혹은 '위대한 음악가'의 개념이 정립되었다. 영국의 음악학자 데노라Tia DeNora는 베토벤이 빈에서 활동할 당시 위대한 음악가라는 개념과 그것을 지향하는 이데올로기가 이미 귀족들을 중심으로 구축되어 있었기에 그가 고유의 독창적인 음악으로 성공할 수 있었다고 주장한다.

귀족들이 이토록 진지한 음악을 선호하게 된 것은 중산층이 성장하면서 그들과는 차별화된 귀족들만의 품격 있는 음악 취향을 추구해야 했던 것과도 관련이 있다. 한때는 독점적으로 음악 후원자의 역할을 했던 최상류층 귀족들이 이제 하류 귀족들과 중산층과 함께 음악 후원자의 역할을 나누어 가져야 했다. 그로 인해 계급의 구분을 명확히 하고 싶었던 최상류층 귀족들은 그들보다 좀 더 높은 수준으로 음악 후원을 할 필요성을 느끼게 되었다. 그 결과 후원자 그룹에 서열이 만들어졌다. 빈 귀족 사회의 예술적 취향은 소수의 최상위 후원자 그룹의 취향에 영향을 받을 수밖에 없었다. 베토벤은 바로 그 최상류층 귀족 후원자들의 절대적인 지지를 받고 있었으니 누구에게든 큰소리를 칠 수 있는 입장이었다.

하이든이 칭찬했던 베토벤의 발레 음악 〈프로메테우스의 창조물〉

베토벤은 두 곡의 발레 음악을 남겼는데, 그중 하나가 서곡으로 유명한 〈프로메테우스의 창조물〉이다. 그리스신화에 나오는 프로메테우스는 신들의 불을 훔쳐 인간에게 가져다주고, 도구를 사용하는 법을 알려주는 등 인간을 사랑했던 신이다. 그의 행동은 신들의 왕 제우스의 미움을 샀으나 베토벤은 그의 뜻을 어기면서까지 인간에게 문명을 전해준 프로메테우스의 정신에 강하게 매료되었던 모양이다. 그가 1801년에 완성한 〈프로메테우스의 창조물〉은 몇 가지 점에서 프로메테우스처럼 혁신적이다. 발레의 막이 오르기 전에 연주되는 서곡의 도입부는 으뜸화음이 아닌 전혀 엉뚱한 화음으로 시작해서 처음부터 충격을 준다. 이는 교향곡 1번의 시작 부분과 똑같은 화음으로, 프로메테우스의 성격만큼이나 놀랍다. 게다가 베토벤은 당시 독일 관현악에서는 거의 사용하지 않는 하프, 바세트 호른 같은 진기한 악기를 이 곡에 편성해 독특한 음향 세계를 선보인다.

〈프로메테우스의 창조물〉의 대본은 분실되어 정확한 내용을 알 수 없지만, 무용사가 리토르니Carlo Ritorni의 보고서와 베토벤의 스케치 수첩을 참조하면 다음과 같은 줄거리로 진행된다. 프로메테우스는 진흙과 물로 두 개의 예쁜 인형을 만들어 신들이 사는 올림포스산으로 가져간다. 그는 이 인형에 영혼을 불어넣기 위해 태양의 불꽃을 가져다가 주입한다. 그러나 인형은 살아 움직일 뿐 그 어떤 희로애락도 느끼지 못한다. 프로메테우스는 여러 신을 찾아가 사랑하고 증오하는 감정, 웃고 춤추는 것 등을 배우게 하고 바쿠스에게서 술 마시는 법 등을 사사하여 드디어 인간을 완성해낸다.

프로메테우스는 인간을 만들어낸 신적인 존재이자 당대의 인간들을 계몽주의로 인도할 혁명가를 대변하는 듯하다. 그래서인지 〈프로메테우스의 창조물〉의 영향은 베토벤의 주요 작품 곳곳에 보인다. 〈프로메테우스의 창조물〉 중 열여섯 번째 곡에 사용된 '시골풍 춤곡'의 주제는 〈영웅〉의 4악장에 사용되었고, 서곡의 도입 화성은 〈교향곡 1번 C장조〉에, 서곡의 느린 서주 부분에 등장하는 풍성한 현악 하모니와 분위기는 〈교향곡 2번 D장조〉(Op. 36)로 이어졌다.

〈프로메테우스의 창조물〉의 서곡

작곡가로서의 도약,
더 넓은 무대로

되돌아갈 수 없는 고향

나의 고향, 내가 처음으로 빛을 본 사랑스러운 그곳은 아직도 또렷
하고, 내가 떠나올 때 그대로의 아름다운 모습이 눈에 선하다네. 비
록 짧은 시간이었지만 내가 자네를 만나고 또한 위대한 아버지 라
인강과 함께한 시간은 내 인생에서 가장 행복한 순간이었네.

베토벤이 1800년에 친구 베겔러에게 보낸 편지에는 고향에 대한
진한 그리움이 묻어난다. 그런데 그는 1792년 가을에 본을 떠난 이
후 라인강을 두 번 다시 볼 수 없게 되었다. 어떻게 된 일일까? 베토
벤이 하이든에게서 음악 수업을 받은 지 1년 정도 지난 시점으로 되
돌아가보자. 1793년 11월 23일, 하이든은 본의 프란츠 선제후에게
베토벤이 곧 유럽 전역에서 가장 위대한 음악가가 되리라는 내용을
담은 편지를 썼다. 그런데 프란츠 선제후의 답변은 의외였다. 그는
하루라도 빨리 베토벤이 본으로 돌아와서 업무를 수행하기를 바랐

다. 프란츠 선제후는 베토벤이 보내온 악보의 사본들은 본에 있을 때 작곡했던 것들로, 그가 빈에서 중요한 진전을 보이고 있는 것 같지 않은 데다가 첫 번째 빈 여행처럼 빚만 지고 돌아오지 않을지 염려된다면서, 그를 본으로 불러들이려고 했다. 그러나 최근 밝혀진 사실에 의하면, 베토벤이 보낸 다섯 작품 가운데 네 곡은 모두 빈에서 쓰거나 개정한 것이라고 한다. 아마도 프란츠 선제후는 베토벤이 빈에 머무르며 고향인 본과 자신으로부터 자꾸만 벗어나려는 것을 우려했는지도 모른다. 혹은 본의 귀족들이 그에게 영향력을 행사했을 수도 있다. 프란츠 선제후의 압박에도 불구하고 베토벤은 계속 빈에 머무르고자 했다. 그에게도 고향에 대한 그리움은 있었겠지만 빈이라는 더 큰 무대에서 얻은 기회를 놓칠 수는 없었다.

하지만 그로부터 얼마 지나지 않아 본의 정치적 상황이 바뀌면서 베토벤은 두 번 다시 고향으로 돌아갈 수 없게 되었다. 프랑스혁명의 여파가 라인강을 넘어 주변국으로 퍼져나간 것이다. 혁명 정신에 열광했던 지배층조차 왕실의 안위를 위협하는 혁명군들을 보면서 기존 질서를 유지하는 편이 낫다고 판단했다. 결국 신성로마제국의 레오폴트 2세와 프로이센의 프리드리히 빌헬름 2세는 혁명의 물결을 저지하고 루이 16세를 원조하기 위해 공동선언을 발표하며 프랑스혁명에 개입했다. 이로써 오스트리아-프로이센 연합군과 프랑스 간의 전쟁이 시작되었다. 1791년에 시작된 연합군과 프랑스 간의 전쟁은 점차 연합군 쪽에 불리하게 돌아갔다. 1793년에 에스파냐와 포르투갈, 로마 교황청까지 연합군에 가담했지만 애국심과 혁명 정신으로 무장한 프랑스군을 당해낼 수 없었다. 결국 1795년 4월 5일에 중립 지대인 스위스 바젤에서 양국 간의 강화조약이 체결되면서 연합국은 라인강의 서쪽 지역을 상실했다. 이로써 쾰른 선제후령의 수도 본의 화려한 궁정은 구시대의 유물이 되었다.

프란츠 선제후는 강화조약이 체결되기 한 해 전인 1794년 10월에 본을 떠난 상태였다. 그는 어머니 마리아 테레지아가 여흥을 즐기던 빈 남부의 헤첼도르프성에서 여생을 보내다가 1801년에 세상을 떠났다. 본에는 베토벤을 불러들일 선제후도 그가 일할 궁정악단도 없어졌다. 게다가 베토벤의 아버지는 베토벤이 빈으로 떠난 지 7주 만인 1792년 12월 18일에 심장마비로 세상을 떠난 상태였다. 결국 베토벤은 어떻게든 빈에서 음악가로서 성공하기로 마음먹는다. 빈은 여러 뛰어난 음악가들이 치열한 경쟁을 벌이는 곳이었으니 성공한다는 게 쉽지 않은 일이었지만, 다행스럽게도 그는 피아노 즉흥연주의 명수로 활약하며 살롱에서 유명세를 얻고 있었다. 베토벤의 꿈은 원대했다. 그는 피아노 즉흥연주의 명수를 넘어 '작곡가 베토벤'으로서 이름을 떨치고 싶어 했다. 피아니스트가 아닌 작곡가로 인정받기 위해서는 다른 전략이 필요했다. 베토벤의 음악을 즐길 줄 알았던 귀족들 앞에서는 좀 더 혁신적이고 독특한 피아노곡들을 선보일 수 있었지만, 작곡가로서 대중을 위한 작품을 출판하려면 대중이 이해할 수 있고, 가정에서도 손쉽게 연주할 수 있는 곡이어야 한다. 과연 베토벤은 대중들을 위해 어떤 곡을 내놓았을까?

대중 앞에 첫선을 보인 Opus 1

빈 하면 음악박물관Haus der Musik을 빼놓을 수 없다. 이곳에 가면 여러 가지 음악 체험을 할 수 있는데, 세계 정상급 오케스트라로 꼽히는 빈 필하모닉 오케스트라를 가상으로나마 직접 지휘해볼 수 있는 코너까지 마련되어 있다. 하이든과 베토벤을 비롯하여 빈에서 활동한 작곡가들의 정보도 볼 수 있다. 베토벤관에는 그가 연주하던 피아노와 자필 악보, 일기와 편지 속 증언 그리고 베토벤 전기의 내용이 전시되어 있다.

"도대체 이건 무슨 곡이지?" 베토벤의 자필 악보를 보다가 나도 모르게 이런 말이 튀어나왔다. 이곳에서 찾아낸 그의 자필 악보는 나를 혼란에 빠뜨렸다. 악보 밑에 〈피아노소나타 32번 c단조〉(Op. 111)라고 적혀 있었지만, 아무리 보아도 주요 선율조차 파악할 수 없었다. 괴발개발 쓰인 베토벤의 악보를 당시 사람들은 어떻게 필사하고 출판할 수 있었을지 의문이 들었다.

지금과 달리 예전에는 악보를 출판하려면 악보 전문 필사가가 있어야 했다. 작곡가가 적어놓은 악보를 바탕으로 필사가가 필사본을 만들면, 작곡가가 필사본의 교정을 보고 출판사에 보냈다. 정식으로 출판되지 않은 필사본이 시장에 유통되는 경우도 종종 있었다. 어쨌든 작곡가가 쓴 악보가 시중에 돌기 위해서는 반드시 필사 작업을 거쳐야 했으니 해독하기 어렵기로 악명 높은 베토벤의 악보를 필사하는 일은 무척 고된 작업이었을 것이다. 또 베토벤은 악보가 완성된 후에도 수정을 거듭하여 필사가들을 더욱 곤란에 빠뜨렸다.

빈 음악박물관

음악박물관은 빈 중앙역에서 도보로 30분 정도 걸리는 곳에 위치해 있다. 이곳에 가면 베토벤뿐만 아니라 모차르트, 슈베르트, 말러 등 빈을 중심으로 활동한 여러 음악가들의 흔적과 작품 세계를 한눈에 볼 수 있을 뿐만 아니라, 빈 필하모닉 오케스트라를 가상으로나마 직접 지휘해볼 수 있어 공연 현장의 감동을 느낄 수 있다.

그는 여러 단계의 스케치 작업을 거쳐서 악상을 다듬고 스케치 자료들을 정리해 악보를 만들었지만, 악보를 만든 후에도 또다시 스케치 작업을 했다. 그의 자필 악보 안에 스케치가 보이는 까닭도 이 때문이다. 필사가들은 가뜩이나 악필인 베토벤의 악보를 해독하는 데 어려움을 겪었을 뿐만 아니라, 어떤 것이 수정 전 악보인지 또 어떤 것이 최종 수정된 것인지를 판단해야 했다. 게다가 베토벤은 필사본이 완성된 후에도 작업을 계속했다. 그럴 때면 완성된 필사본에 또 다른 수정 페이지가 추가되었다. 이런 어려움 속에서도 베토벤의 자필 악보를 탁월하게 해독해냈던 필사가가 있었으니, 바로 슐레머Wenzel Schlemmer다. 그는 베토벤의 신임을 얻었던 몇 안 되는 필사가 중 하나로, 팀을 중심으로 체계적인 필사 작업을 했다. 그가 세상을 떠난 후에는 그의 조수인 람플Wenzel Rample이 베토벤의 주요 필사가로 활동했다. 그 밖에 베토벤이 고용한 필사가들이 몇 명 더 있었지만, 그 누구도 슐레머만큼 신임을 얻지 못했다고 한다.

필사가 완성된 후에도 베토벤의 작품 하나하나가 출판되기까지는 만만치 않은 과정을 거쳐야 했다. 그 시절에는 작곡가의 저작권 개념이 없었으므로 출판업자가 작곡가에게 일정 금액만 지불하고 나면 작품의 소유권을 가져갈 수 있었다. 즉 작품이 한번 출판사로 넘어가면 작곡가는 더 이상 그것으로 수입을 올릴 수 없었다. 그러니 작곡가에게는 출판사를 선정하고 작품료를 흥정하는 일이 매우 중요했다.

출판사들은 잘 팔릴 만한 작품만을 출판하려 했기 때문에 작곡가들은 어떤 종류의 곡을 쓸지에 대해서도 신중을 기해야 했다. 일반

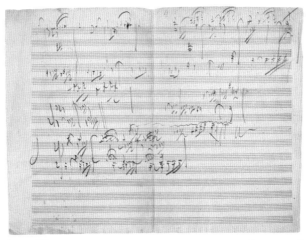

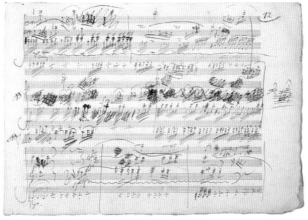

베토벤의 자필 악보

베토벤은 악필인 데다가 급하게 휘갈겨 쓰다 보니 그의 자필 악보를 출판하는 과정에서 종종 오류가 생기기도 했다. 이를테면 〈엘리제를 위하여Für Elise〉의 원래 제목이 '테레제를 위하여 Für Therese'인데, 악보 필사가가 베토벤의 글씨를 잘못 읽어서 테레제가 엘리제로 바뀌었다는 일화도 전해진다.

가정에서 쉽게 연주할 수 있는 피아노 소품이나 실내악곡의 악보는 잘 팔리는 반면, 미사곡과 같은 대규모 성악곡의 악보는 인기가 없었다. 그리고 실내악곡이라고 하더라도 일반인들이 연주하기에 너무 어렵거나 단번에 이해하기 힘든 복잡하고 진지한 작품들은 잘 팔리지 않았다. 예를 들어 모차르트의 실내악곡 가운데 〈피아노 4중주 1번 g단조〉(K. 478)는 출판업자이자 작곡가인 호프마이스터Franz Anton Hoffmeister의 의뢰로 작곡되었다. 본래 그는 모차르트에게 세 곡의 피아노 4중주 작곡을 의뢰했다. 하지만 첫 곡인 〈피아노 4중주 1번 g단조〉의 악보를 받고는 일반인들이 연주하기에 너무 어렵다고 판단하여 모차르트에게 나머지 세 곡을 다 쓰지 않아도 된다고 했다. 모차르트도 작품이 어렵다는 이유로 출판사로부터 작품을 거절당하는 수모를 겪었다는 사실이 지금의 우리에게는 충격이지만, 당시 작곡가들은 판매고를 올리기 위해서 청중의 취향을 고려할 수밖에 없었다.

이러한 상황이다 보니 베토벤도 첫 출판 작품을 고를 때 고민에 고민을 거듭했다. 작곡가가 자신의 이름을 걸고 정식으로 출판한 악보들은 Opus, 즉 작품 번호가 붙는다. Opus는 줄여서 Op.로 표기하거나 베토벤의 〈교향곡 4번 B플랫장조〉(Op. 60)처럼 곡 제목에 병기한다. 작품 번호는 교향곡이든 소나타든 악곡 형식에 관계없이 대개 출판 순서에 따른다. 그러므로 누구에게나 Opus 1, 그러니까 첫 번째 출판 작품은 매우 특별할 수밖에 없다.

베토벤이 Opus 1을 출판한 시기는 1795년 초로 그가 스물다섯 살 되던 때였다. 이즈음 그는 리히노프스키 후작 저택의 2층에 있는 큰 방으로 거처를 옮겨 쾌적한 환경에서 생활하며 최상류층 귀족들로부터 찬사를 한 몸에 받는 명피아니스트로 각광받고 있었다. 하지만 빈에서 음악가로서 성공하기에 그것만으로는 부족했다. 하이든의 지도를 받은 후 알브레히츠베르거로부터 좀 더 철저한 대위법 수업을 받은 베토벤은 작곡가로서의 도약을 준비하고 있었다.

당시 베토벤의 음악이 높은 수준의 작품성을 지닌 진지한 음악을 감상할 줄 아는 최상류층 귀족들에게서는 호평받았을지 몰라도 작품 출판으로 대중의 인기를 얻는 것은 전혀 다른 문제였다. 귀족들은 베토벤이 선보이는 다소 과감하고 환상적인 피아노 즉흥연주에 매료되었지만, 일반 대중에게 그의 음악은 연주하기에도 어려울 뿐만 아니라 거부감을 일으킬 것이 불 보듯 뻔했다. 그렇다고 해서 대중의 취향에 너무 맞추다 보면 자신이 추구하는 음악 스타일을 제대로 구현하기 어려워진다. 대중성과 예술성 모두를 포기하지 않는 작품을 출판해야 하는 것이 베토벤에게 큰 숙제였다. 다행히도 리히노프스키 후작이 그의 작품 출판에 세심한 도움을 주었다.

리히노프스키 후작은 자신의 저택에서 열리는 살롱 음악회를 통해 발표된 베토벤의 곡 중 첫 번째로 출판할 만한 작품들을 신중하게 골랐다. 음악회에 참석한 귀족들도 마찬가지였다. 살롱에 자주 드나들던 사람들은 베토벤의 신작들을 미리 들어보고 의견을 제시했다. 리히노프스키 후작은 귀족들의 뜻을 고려하여 베토벤의 Opus 1을 피아노 3중주 세 곡으로 결정했다. 피아노와 바이올린과 첼로로 이루어지는 피아노 3중주는 실내악 합주의 기본 편성으로, 일반인들도 가정에서 부담 없이 연주할 수 있다. 첫 출판 작품이 정해지자 후작은 곡의 완성도를 높이기 위해 베토벤에게 여러 차례 리허설을 할 수 있는 무대를 제공했으며, 출판이 원활하게 이루어질 수 있도록 경제적인 지원을 아끼지 않았다.

당시 경제적으로 넉넉하지 않은 작곡가가 작품을 출판하는 일은 쉬운 작업이 아니었다. 베토벤의 첫 작품을 출판하기로 한 아르타리아Artaria 출판사가 아직 작곡가로서 인지도가 낮은 그에게 제시한 조건은 매우 불합리했다. 출판사는 조금이라도 손해를 보지 않기 위해 역으로 베토벤에게서 선불을 받는다는 얼토당토 않는 계약 조건을 제시했다. 이에 따르면 악보 35부가 팔려야 비로소 베토벤에게 이익이 돌아가는 구조였다. 지금의 우리로서는 도저히 납득하기 어려운 이상한 조건이다.

리히노프스키 후작은 베토벤에게 이런 불리한 계약 조건에 대해 말하지 않고 출판사에서 요구하는 금액을 베토벤 모르게 지불했을 뿐만 아니라 주변 귀족들에게 악보를 사도록 했다. 베토벤의 악보를 구입한 이들의 명단을 보면 출판된 총 249부 가운데 리히노프스키 후작이 20부를 샀고, 약 21퍼센트에 해당하는 53부를 후작의 가족들이 구입했다. 나머지 악보들의 대부분도 리히노프스키 후작의 지인과 빈의 귀족들이 사들였다. 이런 식으로 그의 첫 출판 작품이 순식간에 팔려나갔다. 베토벤은 악보 판매로 843플로린의 수익을 거두었는데, 이는 그가 본 궁정에서 받던 연봉의 두 배가 넘는 액수였다. 그는 첫 작품이 출판되는 데 많은 도움을 준 리히노프스키 후작에게 이 작품을 헌정했다.

베토벤의 첫 출판 작품인 피아노 3중주 세 곡을 들어보면 그가 대중의 취향이나 연주 기교의 용이함을 고려했음을 알 수 있다. 세 곡 중 예술성이 가장 뛰어난 작품으로 평가되는 3번 c단조가 하이 든에게 비판을 받은 곡이다. 사실 하이든이 이 작품이 훌륭하지 않 다고 비판했다기보다는 대중에게 다소 어렵지 않을까 우려했던 것 이었지만, 비판을 참지 못했던 베토벤에게는 큰 상처가 되었던 모 양이다. 어쨌든 작곡가로서 베토벤의 첫 출판은 빈 귀족들의 절대 적인 보호 속에서 비교적 순탄하게 이루어졌다.

피아노의 한계를 뛰어넘는 피아노협주곡

베토벤에게 중요한 악기가 피아노라는 점을 상기해보면 그의 첫 번째 출판 작품이 피아노소나타나 혹은 피아노협주곡이 아니라, 피 아노와 바이올린과 첼로로 연주하는 피아노 3중주라는 점은 다소 의외다. 그러나 첫 번째 출판 작품을 고르는 일은 매우 신중해야 했 으므로 빈 귀족들의 의견에 따라 피아노소나타가 아닌 피아노 3중 주의 세 곡을 처음으로 출판한 것은 좋은 선택이었다. 베토벤이 Op. 2로 출판한 피아노소나타 세 곡을 Op. 1과 비교해서 들어보면 예술 적인 수준에서 Op. 1이 좀 더 앞선 느낌을 받게 된다. 아마도 귀족들 은 살롱에서 들어본 베토벤의 작품들 중 피아노 3중주가 대중성뿐 만 아니라 그의 개성을 잘 드러내고 있으므로 첫 번째 출판 작으로 추천했던 것으로 보인다.

피아노 3중주에 밀린 피아노소나타 세 곡은 베토벤의 두 번째 출판 작품이자 첫 번째 피아노소나타 출판 작품으로 스승 하이든에게 헌정되었다. 그렇다면 피아노와 오케스트라가 함께 연주하는 피아노협주곡 중 처음으로 간행한 곡의 출판 번호는 몇 번일까? 생각보다 그 숫자가 좀 크다. 〈피아노협주곡 1번 C장조〉(Op. 15)의 작곡 시기는 1795년이지만 1801년에 개정판이 나왔으므로 초기 작품임에도 'Op. 15'라는 큰 숫자가 붙게 된 것이다.

이 곡은 오늘날 어린 피아니스트들이 처음 오케스트라와 협연 무대를 선보일 때 데뷔곡으로 종종 선택되고는 하지만, 생각보다 완성도 높은 연주를 해내기가 어렵다. 아직은 하이든이나 모차르트 같은 선배 작곡가들의 영향이 엿보이는 초기 작품이면서도 비르투오소 피아니스트로서 활약했던 베토벤의 화려한 기교를 떠올리게 할 만큼 현란한 연주를 펼쳐야 하기 때문이다. 이 협주곡을 작곡할 당시의 베토벤은 20대 중반의 젊은 나이에 비르투오소 피아니스트로서 명성을 떨치고 있었다. 겔리네크를 비롯해 그와 피아노 연주 대결을 벌인 피아니스트들은 그의 현란한 연주에 기가 꺾여 그를 악마라 부르며 혀를 내두를 정도였다. 바로 그 화려했던 시절, 베토벤은 자신의 장기를 발휘할 수 있는 피아노협주곡 1번을 작곡해 빈 최상류층 귀족들이 모인 1795년 12월 18일의 음악회에서 피아니스트로서 직접 이 곡을 선보였다.

그런데 연주회 당일 몇 가지 문제가 발생했다. 공연이 임박한 상태에서 베토벤이 이 곡을 완성했기 때문에 필사가들이 급히 베낀 오케스트라 파트보는 잉크도 채 마르지 않은 상태였다. 사정이 이렇다 보니 오케스트라 단원들은 이 악보를 전혀 보지도 연습하지도

현대의 음악가가 재해석하여 연주하는 피아노협주곡 1번
우리 시대의 가장 위대한 젊은 음악가로 불리는 피아니스트 랑랑이 뉴욕의
필하모닉 오케스트라와 함께 베토벤의 피아노협주곡 1번을 연주하고 있다.

〈피아노협주곡
1번 C장조〉

못한 채 공연 당일 무대 리허설에서 바로 연주해야 했으니 상당히 긴장한 상태였을 것이다. 그뿐만 아니라 연주회 당일 무대에 있던 피아노는 본래 음보다 반음씩 낮게 조율된 상태였다. 만일 베토벤이 작곡한 대로 피아노를 연주한다면 오케스트라와 반음 차이가 나므로 이 곡을 제대로 연주할 수가 없게 되는 것이다! 그러나 뛰어난 피아니스트였던 베토벤은 즉석에서 피아노 파트 전체를 반음씩 높여서 연주하여 이 위기를 모면했다. 평범한 피아니스트라면 도저히 꿈도 못 꿀 일이지만 그는 그 일을 해낸 것은 물론, 연주 도중 현란한 즉흥연주까지 곁들였다고 한다. 아슬아슬했던 초연 무대가 끝난 후 베토벤은 이 협주곡을 곧바로 출판하지 않았다. 그는 작품을 출판하는 데는 상당히 소극적이었다. 저작권 개념이 없던 시대에 자신의 독창적인 작품들을 약탈이라고 표현할 정도로 출판사에 빼앗기던 상황에 불만이 있었고, 대위법 공부를 한 후에 악보를 좀 더 가다듬어 출판하고자 했던 것이다. 결국 그는 이 곡을 출판하기 전까지 악보를 대폭 개정했고, 1801년이 되어서야 오늘날 연주되는 형태로 완성되어 Op. 15로 나올 수 있었다.

피아니스트로서의 베토벤은 누구보다도 폭넓은 표현을 원했고 때때로 피아노라는 악기가 지닌 한계를 뛰어넘기를 바랐는데, 이는 그의 첫 번째 피아노협주곡에서부터 드러난다. 축제 분위기를 자아내는 트럼펫과 팀파니가 등장하는 덕분에 이 협주곡의 오케스트라는 매우 빛나는 음향을 만들어낸다. 게다가 1악장은 보통의 협주곡 구성을 훨씬 넘어선 매우 광대한 구성을 보여주며 놀라운 음향과 대담한 전조가 나타날 뿐만 아니라 주제도 매우 다양하다. 특히 1악장 중간의 꿈결같이 아름답고 몽상적인 부분은 대단히 인상적이어서, 일찍이 오스트리아의 피아니스트 브렌델Alfred Brendel은 이를 "작품 속의 또 하나의 작품"이라 말하기도 했다.

진지한 교향곡의 시대를 열다

　빈이라는 도시를 돋보이게 하는 여러 건물들 중에서도 음악회가 열리는 극장들에 유독 관심이 가는 것은 어쩔 수 없나 보다. 최고 수준의 오페라 무대를 경험할 수 있는 빈 국립오페라극장 그리고 빈 필하모닉 오케스트라가 신년 음악회를 여는 무지크페라인Musikverein은 오늘날 빈에서 열리는 음악회의 중심이 되고 있다. 베토벤 시대에 중요한 음악회가 열리던 극장으로는 빈 국립오페라극장에서 가까운 케른트너토어극장, 부르크극장, 안 데어 빈 극장 등이 있다. 이 중 부르크극장은 앞서 이야기한 것처럼 베토벤이 교향곡 1번을 처음 선보인 곳으로, 이 곡은 슈비텐 남작에게 헌정되었다.

　슈비텐 남작은 빈 최상류층 귀족들의 취향 변화를 주도하는 데 크게 기여한 인물이다. 황실의 전 외무장관 겸 도서관장, 공연기획자로 활약한 그는 당시 베를린 문학계에서 유행하던 질풍노도 운동에 영향을 받은 이후 바흐의 엄숙한 음악과 그의 둘째 아들 카를Carl Philip Emmanuel Bach의 질풍노도 스타일 음악에 매료되었다. 이후 빈으로 건너간 슈비텐 남작은 빈 음악계에서 주도적인 역할을 하며 1786년에는 기사연합회Gesellschaft der Socierten Cavaliere를 설립해 바흐와

GODEFR.L.B. *de* SWIETEN.
Stud. Cens. Libr. et Bibl. Cæs. Præf.

슈비텐 남작의 초상화

네덜란드 태생의 슈비텐 남작은 아마추어 작곡가였으며, 〈천지창조〉의 독일
어 대본을 쓸 정도로 음악과 문학에 조예가 깊었다. 질풍노도 운동의 영향을
받아 엄숙하고도 진지한 음악에 심취했던 그는 빈 최상류층 귀족들의 음악
적 취향을 선도해나갔을 뿐만 아니라 청중들의 문화 의식을 제고하는 데 크
게 기여했다.

〈교향곡 1번 C장조〉

헨델, 르네상스 거장들의 합창 음악을 공연하고 보존하는 일을 이끌었다. 슈비텐 남작은 다소 현학적인 인물로 통하기는 했지만, 리히노프스키 후작을 비롯한 여러 귀족들이 그가 추구하는 예술 스타일에 동조하기 시작하면서, 그의 취향은 점차 빈 귀족 사회에서 중심적인 경향으로 자리 잡아갔다. 위대하고 진지한 음악을 향한 슈비텐 남작의 영향력은 매우 컸다. 그는 청중들에게 연주를 하는 동안에는 침묵할 것을 강요했다. 객석에서 대화를 하는 소리가 들릴 때면 그들에게 따가운 눈총을 보냈다. 오늘날 공연장에서 볼 수 있는 클래식음악에 대한 '엄숙한' 감상 태도는 이때부터 싹트기 시작한 듯하다.

베토벤이 슈비텐 남작에게 첫 번째 교향곡을 헌정한 것은 매우 탁월한 선택이었다. 슈비텐 남작이 지향하는 예술 세계에 부합하는 음악적 가치를 추구하게 될 것을 은근히 드러낸 셈이기 때문이다. 클래식음악의 여러 장르 중에서도 교향곡은 베토벤에 이르러 매우 중요하고 진지한 음악으로 거듭났다고 할 수 있다. 본래 교향곡은 여러 악기들의 집합체인 오케스트라로 연주하는 기악곡으로, 하이든에 의해 그 형식이 확립되었지만 하이든 시대의 교향곡들은 오락적인 성격이 더 강했다. 일생 동안 100곡이 넘는 교향곡을 쓴 하이든은 말년에 작곡한 〈파리〉 교향곡 여섯 곡과 〈런던〉 교향곡 열두 곡으로 큰 인기를 끌었는데, 이 작품들은 그 표현이나 형식이 뛰어나기는 하지만 어떤 이념이 담겨 있거나 플롯으로 이루어진 교향곡이라고 보기는 어렵다.

하이든과 모차르트가 작곡한 고전주의 교향곡은 대개 웅장하고

음악에서의 질풍노도 스타일

질풍노도Sturm und Drang라는 용어는 독일의 극작가 클링거Maximilian Klinger가 1776년에 발표한 연극 제목에서 유래한 것으로, 본래는 1770년대에 절정에 달한 독일 문학 운동을 가리킨다. 질풍노도의 경향이 가장 잘 드러난 문학작품이라면 괴테의 『젊은 베르테르의 슬픔』과 실러의 『군도』를 꼽을 수 있다. 매우 강렬하고 깊은 감동을 주며 전율을 일으키는 질풍노도 문학의 특징이 음악에서는 대개 단조의 조성에 급박한 느낌을 주는 리듬과 충격적인 악센트로 표현된다.

　모차르트의 오페라 〈돈 조반니〉 2막 후반에 기사장이 등장하는 장면이 대표적인 질풍노도의 음악 스타일로 꼽힌다. 호색한 돈 조반니는 모차르트의 비범한 음악에 힘입어 지

세르비아국립극장에서 공연된 〈돈 조반니〉의 한 장면

극히 대담무쌍하면서도 인간적인 인물로 거듭나는데, 이때 질풍노도 스타일의 무시무시한 음악이 돈 조반니의 대담한 성품을 강조하는 역할을 한다. 돈 조반니는 자신의 손에 죽은 뒤 묘지의 석상이 된 기사장을 연회에 초대하는데, 그의 오만한 초대를 받아들인 기사장이 연회장에 나타나는 순간에 오케스트라가 공포스러운 음악을 연주한다. 거대한 석상의 모습을 한 기사장은 연회장으로 뚜벅뚜벅 걸어 들어오면서 돈 조반니의 이름을 큰 소리로 외친다. 이 장면에서 등골이 오싹해질 정도로 무서운 전율을 느끼지 않을 사람은 없을 것이다. 그러나 더 놀라운 것은 이토록 무시무시한 질풍노도 스타일의 음악과 함께 등장한 기사장에게 돈 조반니가 전혀 기죽지 않는 모습을 보인다는 것이다. 덕분에 모차르트의 오페라 속 돈 조반니는 오직 현재의 순간에만 충실하며 삶에 대해 아무런 회한도 없는 담대한 영웅처럼 느껴진다.

기악곡 중 질풍노도 스타일을 구사했던 음악가를 꼽는다면 C. P. E. 바흐가 대표적이다. 그의 교향곡은 감정 양식Empfindsamer Stil이라고 불릴 정도로 인간의 급격한 감정 변화를 담아낸 표현이 특징이며, 어떤 부분에서는 질풍노도라고 할 만한 변화무쌍한 전개가 두드러진다. 그의 교향곡을 가만히 듣고 있으면 전혀 어울릴 것 같지 않은 음악적 단편들이 빠르게 교체되며 급격하게 변모해가는 감정의 스펙트럼을 경험할 수 있다.

하이든이 에스테르하지 후작의 궁정악장으로 일할 당시에 작곡한 교향곡 중에도 질풍노도 스타일을 보여주는 곡들이 꽤 있다. 그중 〈교향곡 45번 f샤프단조 고별〉의 1악장은 마치 거친 파도가 치듯 리듬이 격렬하고, 슬픈 느낌의 단조 조성이 좀 더 극적으로 표현되어 인상적이다.

하이든과 모차르트는 질풍노도 양식을 18세기 고전파 음악의 중요한 특징으로 부각했다. 그러나 18세기 후반에 이르러 두 사람은 질풍노도의 전형적인 양식을 버리고 조화로우며 우아한 음악을 추구하는 방향으로 나아갔고, 이는 고전파 음악 양식을 완성하는 계기가 되었다. 베토벤 시대에 이르러 질풍노도 양식은 이미 구시대적인 것이었지만, 하이든의 지도를 받던 청년기의 베토벤은 몇몇 작품에 질풍노도 스타일을 반영했다. 그의 Op. 1을 이루는 세 곡의 피아노 3중주 가운데 3번 c단조는 단조 특유의 우울한 분위기를 자아내며 피아노가 연주하는 주제에서 급박한 질풍노도 양식의 영향을 보여준다. 이어서 Op. 2의 1번 f단조에서 질풍노도 양식은 더 다듬어진다. 베토벤은 초기 작품들에서 실험했던 질풍노도 양식의 틀을 곧 버리지만, 이는 분명 그만의 독창적인 낭만주의 표현 양식을 개발하는 데 밑거름이 되었을 것이다.

화려한 1악장으로 시작해 달콤하고 서정적인 2악장을 거쳐 프랑스 궁정에서 유행하던 미뉴에트로 된 3악장 그리고 빠른 속도로 흥미진진하게 전개되는 가벼운 성격의 4악장으로 구성된다. 그렇다고 해서 그 당시 음악회에서 연주자들이 교향곡의 모든 악장을 연주할 필요는 전혀 없었다. 오케스트라는 분위기에 따라 교향곡의 1악장을 연주하다가 갑자기 4악장으로 바꾸는 등 여흥을 위하여 곡의 순서를 언제든지 달리했다. 하이든과 모차르트의 교향곡은 주로 공공극장에서 상연되었는데, 그리 엄숙한 분위기에서 연주되지는 않았던 것 같다. 연주회 도중에 음식을 먹거나 떠들고 대화하는 사람들이 많았다고 한다. 그러나 베토벤 시대의 공공 연주회에서는 점차 교향곡의 모든 악장이 연주되었고, 음악을 음미하며 진지하게 감상해야 한다는 청취 태도가 형성되기 시작했다. 음악 시장이 확대되면서 음악가의 지위가 향상되고 그들에 대한 존중 의식이 싹튼 것도 있겠지만, 베토벤을 비롯한 음악가들이 독창적이고 진지한 음악을 추구하지 않았다면 이러한 청취 태도가 빠르게 확산되기는 힘들었을 것이다.

베토벤이 남긴 아홉 개의 교향곡, 특히 〈영웅〉 이후의 작품은 마치 문학작품의 '플롯'처럼 각각의 악장마다 그리고 악장 간에 긴밀성과 논리성이 강하게 드러난다. 그뿐만 아니라 베토벤은 교향곡의 마지막 4악장에 무게중심을 두고 자신의 '사상'을 음악에 담아내고자 했으니, 그야말로 '진지한 교향곡의 시대'를 연 작곡가라 할 수 있다. 물론 교향곡 1번에는 그의 중·후기 교향곡만큼 진지한 성격이 드러나지 않지만, 그 등장을 예고하는 듯하다. 1악장 도입부에서

부터 고전주의 음악의 관례에서 벗어난 엉뚱한 화음으로 시작하는
가 하면, 3악장을 기존 교향곡의 관례대로 미뉴에트라고 썼지만 정
작 미뉴에트 느낌은 나지 않는다. 그것은 완전히 새로운 빠른 춤곡
이며, 베토벤이 후에 교향곡 2번에서부터 시도하는 스케르초에 가
깝다. 아마 프랑스 귀족들이 추던 우아한 미뉴에트로 생각하며 이
곡에 맞추어 춤을 추었다가는 스텝이 꼬이거나 넘어질지도 모른다.

대중 앞에 선 천재, 혹평에서 호평으로

베토벤의 교향곡 1번이 초연된 부르크극장이 어떤 곳인지 알아
보기 위해 발걸음을 옮겼다. 빈 시내 중심가에 있는 부르크극장의
외관은 18세기를 연상시키는 화려한 장식이 가미되었고, 상당히 고
풍스럽다. 이곳에서 모차르트와 베토벤이 음악회를 열었다. 그러나
엄밀히 말해서 지금의 부르크극장에서 모차르트와 베토벤이 작품
을 선보인 것은 아니다. 본래 부르크극장은 1741년 3월 14일에 황
후 마리아 테레지아의 승인을 받아 연회장을 극장으로 고쳤지만,
제2차 세계대전 중 파괴되는 바람에 1955년 네오바로크양식으로
새롭게 완공되었다. 비록 베토벤의 음악회가 열린 그 부르크극장은
아니지만, 이 극장 앞에서 당시 음악회를 열심히 준비하던 베토벤
의 모습을 떠올려보았다. 앞서 살펴본 것처럼, 1800년에 이곳에서
열린 음악회는 베토벤의 삶을 바꾸어놓은 중요한 공연이었다. 당시
빈은 파리나 런던처럼 공공 연주회가 활성화되지 않았고, 귀족들의

살롱을 중심으로 음악이 향유되었다. 그러니 베토벤이 극장에서 대규모 음악회를 기획했을 때에는 남다른 목적이 있었을 것이다. 귀족들의 살롱을 넘어선 대중적인 성공, 관현악 작곡가로서의 새 출발 그리고 더욱 중요한 빈 궁정악장에 대한 그의 야망! 아마도 그가 염두에 둔 것은 이런 것들이었으리라.

부르크극장 음악회는 이처럼 중요한 기회였지만 이 무대를 마련하기까지 베토벤은 매우 힘든 과정을 거쳐야 했다. 우선 공연장 대관부터 쉽지 않았다. 당시 극장의 대관 담당자는 브라운Baron Peter von Braun 남작이었다. 음악에 대한 식견이 부족했던 그는 자신의 권력을 휘두르며 횡포를 부렸다. 거장 하이든조차 황후 마리아 테레지아에게 도움을 청하고 나서야 이곳에서 〈천지창조〉를 초연할 수 있었다. 베토벤은 브라운 남작을 설득하기 위해 남작부인에게 접근해 〈피아노소나타 9번 E장조〉(Op. 14)를 헌정하는 등 환심을 사기 위해 노력했다. 그러나 그것만으로는 부족하다고 느꼈는지 황후에게도 〈7중주곡 E플랫장조〉를 헌정하여 도움을 청하고 나서야 겨우 공연 허락을 얻어낼 수 있었다.

그런데 공연 중 생각지도 못한 문제가 일어났다. 베토벤은 이탈리아 오페라 오케스트라를 주로 지휘하던 콘티Giacomo Conti를 신뢰하지 않아 브라니츠키Paul Wranitzky가 지휘자로 적임자라고 생각했는데, 오케스트라 단원들이 이러한 결정에 반기를 든 것이다. 그럼에도 불구하고 그는 브라니츠키를 지휘자로 밀었고, 결국 연주는 엉망이 되고 말았다. 《일반음악신문》에 따르면, 그들의 연주는 너무나도 허술하여 섬광같이 눈을 번쩍 뜨이게 하는 무대는 없었다고

부르크극장

빈에는 구도심을 둘러싼 순환도로인 링슈트라세가 있다. 이 도로를 따라 시청사, 박물관, 미술관, 오페라극장 등이 위치해 있는데, 시청 맞은편에 부르크극장이 자리 잡고 있다. 이 극장은 제2차 세계대전 중 폭격으로 파괴되어 여러 차례 보수 공사를 거친 끝에 지금의 모습을 갖추게 되었다.

한다. 그러나 결과적으로 이 음악회를 통해 베토벤은 피아니스트 겸 피아노 음악 작곡가라는 이미지를 벗어던지고 관현악 작곡가로의 변신에 성공할 수 있었으며, 교향곡 1번에 대한 평가도 나쁘지 않았다. 물론 이 곡에 나타난 대담한 표현에 약간의 거부감을 보이는 이들도 있었지만, 기본적으로 이 곡은 하이든 교향곡풍의 유머 감각과 경쾌한 면이 있었기에 청중에게 받아들여질 수 있었다.

하지만 베토벤은 한 번의 음악회로는 부족하다고 생각했던 모양이다. 이듬해인 1801년에 이와 비슷한 또 하나의 음악회를 기획했다. 그러나 브라운 남작이 대관을 허락하지 않으면서 음악회는 끝끝내 열리지 못했다. 이 사건은 단순히 베토벤이 음악회를 열지 못했다는 것만을 의미하지 않았다. 이는 궁정극장인 부르크극장에서 다시 한번 대작들을 선보여 궁정악장 자리에 올라서려 했던 그의 야망이 좌절되었다는 것을 의미했다. 베토벤은 이 사건으로 몹시 깊은 상처를 받았는지 1802년 4월 8일 출판사에 보낸 편지에서 황후에게 바친 〈7중주곡 E플랫장조〉를 언급하며 "황제의 궁정에는 이 도시에 있는 악한의 수만큼 많은 악한들이 살고 있다"라고 울분을 토했다.

설상가상으로 20대 후반부터 서서히 귀가 멀어가고 있음을 느끼던 베토벤은 이를 숨기기 위해 사람들을 멀리하고 점점 내면세계로만 파고들었다. 그런데 그가 바깥세상과 단절된 채 살아가던 1801년과 1802년 즈음에 그의 위상이 더욱 높아지면서 그를 찾는 사람들이 점점 늘어나기 시작했다. 당시 비평가들의 리뷰 또한 호의적으로 변해갔다. 하지만 베토벤은 여전히 자신의 작품에 대한 비판에

민감했던 것 같다. 그가 1801년 4월 22일《일반음악신문》을 발행하는 출판사에 보낸 편지를 보면 다음과 같이 적혀 있다.

> 당신네 비평가들에게 좀 더 신중하고 분별 있게 글을 쓰라고 조언해주십시오. 특히 젊은 작곡가들의 작품에 대해서는 그렇게 하도록 해주세요. 성공 가능성이 있는 많은 이들이 겁을 낼 수도 있습니다. 나 역시 악평에 신경 쓰지 않을 정도는 아니라고 생각합니다. 당신네 비평가들이 나에게 굴욕감을 준 것은 사실입니다.

베토벤의 글을 읽으며 나 자신도 뜨끔해졌다.《연합뉴스》의 클래식음악 담당 객원기자로서 국내에서 열리는 주요 공연 평을 12년째 기고하고 있으니 이러한 그의 말에 예민해질 수밖에 없다. 베토벤이 남긴 글에 대해 비평가의 입장에서 변명을 해본다면, 그의 말에 전적으로 수긍하지만 매번 "신중하고 분별 있게" 글을 쓰는 것도 쉽지 않다고 답하고 싶다. 특히 쓴소리를 해야 할 경우 반드시 그 평가에 대한 근거를 확보하여 악보 등 객관적인 자료를 토대로 글을 쓰려고 애쓰지만, 그럼에도 불구하고 혹평이 당사자에게 상처가 되는 것은 어쩔 수 없으니 참으로 난감한 일이다. 아마도 가장 바람직한 리뷰는 혹평이라고 할지라도 음악가가 그 글에 수긍할 수 있도록 논리 정연한 분석이 뒷받침되고, 이를 통해 음악가가 성장하는 데 도움이 되는 경우일 것이다. 그러나 아무리 논리적인 리뷰라고 해도 부정적인 의견을 기분 좋게 받아들일 음악가는 거의 없다. 그래서 이제 막 활동을 시작하는 젊은 연주자에 대해서는 최대한 그의 입장에 서서 조심스럽게 글을 쓰려고 노력한다. 그리고 어느 정도 명성을 쌓은 중견 연주자의 경우에는 엄격한 잣대로 글을 쓰려고 하지만, 이 또한 생각보다 쉽지 않은 일이다. 이미 두터운 팬층을 확보한 스타 음악가에 대해 혹평을 쓰려면 당사자뿐만 아니라 그의 팬들의 집단 공격도 각오해야 하기 때문이다. 그러니 비평가 입장에서는 막 경력을 시작하려는, 아직은 팬이 그리 많지 않고 입지가 약한 젊은 음악가에 대해 혹평을 쓰는 것이 어찌 보면 훨씬 더 쉽다.

베토벤 시대 비평가들은 쉬운 길을 택한 듯하다. 그들은 아직 대중적으로 명성을 쌓지 못한 젊은 작곡가가 기존 전통에서 지나치게 벗어난 작품을 쓰는 것에 대해 그리 관대하지 않았다. 그런 까닭에 베토벤이 작곡가로서 첫 작품을 출판하던 무렵에는 그리 좋은 평가를 받지 못했다. 비교적 대중적으로 이해 가능한 곡들이 출판 작품으로 선택되기는 했으나 그의 작품에 담긴 지나친 독창성이 비평가들의 의견을 엇갈리게 했던 것이다. 이를테면 1799년에 《일반음악신문》에서는 〈바이올린소나타 1번~3번〉(Op. 12)의 세 곡에 대해 혹평하며, 베토벤을 "괴상한 조옮김을 해대며 우리에게 어떠한 재미도 느끼게 해주지 않는 고집쟁이"라고 몰아붙이는가 하면 "그는 심지어 정상적인 화성을 질색하는 듯하다"라고 썼다. 또 "만일 베토벤이 자기 자신을 부정하고 자연의 길을 따라 그의 모든 재능과 에너지를 쏟는다면 그는 분명히 자신이 이 악기에 뛰어난 대가임을 입증하는 좋은 음악을 우리에게 제공할 수 있을 것이다"라고 평가하기도 했다. 이런 글들로 볼 때 베토벤의 음악에서 조성이 계속 달라지고 화성의 변화가 많은 것에 대해 당대 비평가들이 거부감을 느껐던 모양이다. 또한 그의 작품이 "자연의 길"을 따르지 않는다는 표현은 아마도 베토벤이 전통적인 방식으로부터 너무 벗어나서 인위적으로 과장된 어조로 곡을 작곡한다는 평가로 보인다.

문득 악평 일색인 베토벤의 음악이 언제부터 언론의 호평을 받기 시작했는지 궁금해 그의 작품에 대한 기사 자료들을 좀 더 찾아보았다. 《일반음악신문》에 베토벤의 작품 비평이 가장 많이 실렸는데, 1798년부터 1799년 전반기까지만 하더라도 비평가들은 고전적인 음악 양식의 관점에서 그의 작품을 평가했고 따라서 그리 호의적이지 않았다. 그러나 1799년 10월 9일에 실린 리뷰부터 베토벤에 대한 평가가 좋아지기 시작하면서 그의 음악이 지닌 특별함이 인지되었음을 알 수 있다.

> 베토벤이 천재적인 재능과 독창성 그리고 자신만의 고유한 길을 가고 있는 인물이라는 사실을 부정할 수 없다. 작품에서 그는 작곡 양식에 대한 특별하고 사려 깊은 면과 악기를 다루는 독창적인 면을 동시에 보여준다. 그가 가장 뛰어난 피아노 음악 작곡가이자 피아니스트라는 것에는 의문의 여지가 없다.

이 글은 베토벤에 대한 완전한 호평을 쓴 최초의 기사로, 이 시기부터 그의 작품을 평가하는 기준이 새롭게 정비되기 시작했다. 그리고 1800년 이후 베토벤의 대중적인 인지도가 높아지고 명성이 오르자 그의 작품에 대한 비평가들의 평가가 더욱 좋게 바뀌고, 그만의 창조적인 개성이 널리 인정되었다.

야심찬 연주 여행

예나 지금이나 음악가의 입지가 더욱 탄탄해지기 위해서는 연주 여행이 필수적이다. 연주 여행을 통해 문화적으로 더 번성한 크고 넓은 도시의 주요 공연장에서 현란한 연주로 찬사를 받는 것은 물론, 자신의 능력을 마음껏 펼쳐 보이며 좋은 조건으로 궁정악단에서 일할 기회를 얻을 수도 있다. 해외에서 인지도를 높여 유명 음악가가 되면 국내에서 입지도 자연스럽게 더욱 탄탄해진다. 이러한 사실을 베토벤의 후원자인 리히노프스키 후작이 모를 리 없었을 것이다. 1796년 베토벤이 떠난 연주 여행의 경로는 1789년 모차르트의 연주 여행 여정과 같은데, 모차르트의 연주 여행 역시 리히노프스키 후작이 후원했기 때문이다. 그러나 두 사람 사이에 갈등이 생기면서 모차르트의 연주 여행은 성공적으로 끝을 맺지 못했다. 그 일을 만회라도 하려는 듯 리히노프스키 후작은 베토벤의 연주 여행을 적극적으로 후원했다. 여행을 그리 좋아하지 않았던 베토벤이지만, 아마도 전문 음악가로서 첫 번째 연주 여행길에 오르는 일은 매우 설레었을 것이다. 본의 궁정악장이 될 수 있는 가능성은 이미 사라져버렸지만, 혹시 아는가? 해외 도시의 더 크고 좋은 궁정에서 악장으로 일할 수 있을지도. 그는 당대 유럽 문화의 중심지인 프라하, 드레스덴, 라이프치히, 베를린으로 연주 여행을 떠났다.

베토벤은 프라하에서 꽤 오래 머문 뒤 드레스덴으로 가 작센의 선제후 앞에서 1시간 반가량의 길고 현란한 즉흥연주를 선보일 기회를 잡았다. 하지만 선제후는 금으로 된 담뱃갑만을 그에게 선물했을 뿐 드레스덴의 궁정악장 자리는 그의 것이 아니었다. 베토벤이 드레스덴을 떠나 라이프치히를 거쳐 베를린으로 건너갔을 때 다시 한번 큰 기회가 찾아왔다. 오늘날에도 베를린은 베를린 필하모닉 오케스트라를 비롯하여 베를린 슈타츠카펠레Staatskapelle Berlin, 베를린 도이치 심포니 오케스트라 등 세계 정상급 오케스트라와 음악가들이 모여 있어 젊은 음악가들에게는 기회와 배움의 도시다. 한국의 여러 젊은 음악가들도 베를린을 거점으로 활동하고 있다. 야심만만한 베토벤은 베를린에서도 드레스덴에서와 마찬가지로 현란한 피아노 연주로 일반 청중들뿐 아니라 프리드리히 빌헬름 2세의 마음을 사로잡았다. 첼리스트이기도 했던 왕은 베토벤의 비범한 음악에 완전히 매료되어 그를 궁정음악가로 채용할 것인지를 심각하게 고민했다고 한다. 그러나 베토벤의 꿈은 또다시 좌절되고 말았다. 그가 베를린을 방문한 이듬해인 1797년에 프리드리히 빌헬름 2세가 갑자기 세상을 떠났기 때문이다. 이번에도 베토벤은 고급 담뱃갑에 만족해야 했다.

그렇다고 해서 베를린에서 수확이 아예 없었던 것은 아니다. 당시 프리드리히 빌헬름 2세의 첼로 선생이자 포츠담의 궁정음악회를 주관했던 첼리스트 뒤포르Jean-Pierre Duport를 만난 것이다. 베토벤은 뒤포르를 위해 당시로서는 드문 악기 편성이라고 할 수 있는 첼로와 피아노를 위한 2중주곡들을 작곡했다. 첼로가 독주 악기로 인식되지 않았던 시절이었으니 첼로와 피아노를 위한 소나타 두 곡은 매우 귀한 작품이다. 이후에 이 작품은 다섯 번째로 출판되었고, 베토벤은 그 밖에도 헨델과 모차르트의 작품을 주제로 첼로와 피아노

2중주를 위한 몇 곡의 변주곡들을 작곡했다.

베토벤은 연주 여행 중 방문한 도시 가운데 프라하에서 유독 오래 머물렀다. 당시 그는 체코 귀족 출신의 소프라노이자 만돌린 연주자인 클라리Josephine von Clary를 위해 몇 작품들을 작곡했고, 그중에서도 〈소프라노를 위한 아리아 아, 배신자여!〉(Op. 65)라는 곡은 후에 빈의 음악회에서 공연되었다. 열여덟 살의 아름다운 클라리 때문이었는지 베토벤은 프라하에서 3개월가량 있었다. 지금도 그곳에는 그가 살았던 집과, 그의 자필 악보가 보관된 로브코비츠 공작의 저택이 있다. 옛 건물들이 고스란히 보존된 프라하는 참으로 고풍스럽고 아름다운 도시다. 카를교 근처에 베토벤이 살았던 집이 있는데, 건물 외벽이 그의 얼굴 부조로 장식되어 있다. 그가 이 집에 머무르며 연주회를 준비했으리라. 1796년 2월 11일과 3월 11일에 베토벤은 콘빅트홀 무대에서 현란한 피아노 연주를 선보였다. 그의 지나치게 현란한 연주에 거부감을 느끼며 일찍이 모차르트가 선보인 깔끔하고 명쾌한 연주를 그리워하는 이들도 있었을 것이다. 어쨌든 자신만의 피아노 연주 방식을 고집했던 베토벤의 현란한 즉흥연주가 프라하 청중에게 강렬한 인상을 남겼으리라.

프라하 카를교

프라하는 천년의 고도답게 중세 도시의 모습을 그대로 간직한 곳으로, 구시가지는 유네스코 세계문화유산에 등재되었다. 거리에는 다채로운 색감의 건축물이 들어서 있어 눈길을 끈다. 특히 오스트리아와의 국경 부근에서 시작하여 북쪽으로 흐르는 블타바강 우안의 구시가지와 좌안 언덕 위의 프라하성을 이어주는 카를교는 관광객들로 발 디딜 틈이 없다. 이 다리 부근에 베토벤이 머물던 집이 위치해 있다.

프라하성 안에 있는 로브코비츠 공작 저택 관람은 뜻밖의 선물과도 같았다. 베토벤의 주요 후원자 중 하나이자 빈의 저택에서 교향곡 〈영웅〉이 사적으로 초연될 수 있도록 무대를 마련했던 로브코비츠 공작은 보헤미아의 귀족으로, 열성적인 음악 애호가였다. 그는 바이올린과 첼로 연주에 능했고, 좋은 베이스 음성을 가진 아마추어 성악가이기도 했으며, 음악가들을 집에 불러들여 다양한 악기 편성의 앙상블을 구성해 연주를 지원하기도 했다. 일찍이 그는 슈비텐 남작이 주관하는 기사연합회에 가입해 바흐와 헨델 등 옛 거장들의 합창곡을 연구하고 보존하는 일에 동참했고, 하이든의 새로운 오라토리오가 연주되었을 때는 직접 공연에 참가하여 베이스 파트를 노래했다. 전문 음악가라고 불러도 될 만큼 음악 활동에 적극적으로 참여했던 그는 음악가는 물론 작품에 대한 이해도 깊었다. 그래서 걸작이 탄생하기까지 많은 시간이 걸린다는 사실도 잘 알고 있었다.

저택에는 베토벤의 〈영웅〉과 교향곡 4번의 자필 악보뿐 아니라 오케스트라 연주를 위한 파트보까지 전시되어 있었다. 플루트부터 더블베이스까지, 그의 교향곡을 연주하기 위한 모든 악기들의 파트보가 담긴 매우 두툼한 악보 꾸러미를 보는 순간 가슴이 뛰었다. 이 악보들을 보고 있자니 오케스트라 단원으로 되돌아간 기분이 들었다. 특히 교향곡 4번은 대학 시절 관현악 시간에 맨 처음으로 연주한 곡이어서 더욱 특별하게 다가왔다. 이 악보를 처음 읽으며 연주했을 베토벤 시대의 오케스트라 연주자들 그리고 그 리허설을 이끌었을 그의 모습이 눈앞에 보이는 듯했다.

프라하 로브코비츠 공작의 저택

블타바강의 서쪽 언덕에 자리 잡은 프라하성은 9세기에 건설되어 지금은 대통령 관저로 사용되고 있다. 성내에 유일한 개인 소유의 궁이 있는데, 바로 로브코비츠 공작의 저택이다. 이곳의 음악실에는 17~18세기에 제작된 악기, 베토벤의 교향곡 4번과 〈영웅〉의 자필 악보 등 희귀한 자료들이 전시되어 있다. 이 같은 진귀한 작품을 소장할 수 있었던 것은 로브코비츠 공작이 음악에 대한 관심은 물론 음악가들에 대한 후원을 아끼지 않았기 때문이다.

〈교향곡 4번
B플랫장조〉

지휘대에 선 베토벤의 앞에는 얼마 전에 완성한 교향곡 악보가 놓여 있고 훌륭한 오케스트라 연주자들이 이 곡을 연주하기 위해 눈을 반짝이고 있다. 그러나 정작 베토벤 자신은 연주자들이 소리 내는 음을 잘 듣지 못한다. 그는 오케스트라의 소리를 주의 깊게 들으려 애쓰는 동시에 연주자들의 모습에서 자신의 음악이 어떤 식으로 연주되는지를 추측하여 힘차게 지휘봉을 흔든다. 때때로 그는 오케스트라에게 어떤 부분을 이렇게 연주하라고 지시하기도 한다. 그러나 그는 귀로 자신의 지시가 명확하게 전달되었는지 확인할 수 없다.

베토벤의 귀가 멀기 시작하면서 끊임없이 반복되었을 만한 상황이다. 이토록 괴로운 상황에 처할 때마다 그가 어떻게 견뎌냈을지 짐작하기 어렵다. 그러나 그는 자신이 마주한 운명의 가혹함을 기꺼이 받아들여 오히려 지칠 줄 모르는 창작열로 승화했다.

바이올린과 피아노가 펼치는 사랑과 전쟁, 〈크로이처〉

당대에는 주로 피아니스트로 활발한 활동을 했던 베토벤에게 바이올린은 어쩐지 어울리지 않는 듯하다. 그러나 그는 피아노뿐만 아니라 바이올린 연주에도 능해서 젊은 시절에는 본의 궁정 오케스트라에서 바이올린과 비올라를 연주하기도 했다. 열정적이고 독특한 바이올린 연주를 선보였던 그는 열 곡의 바이올린소나타를 통해 다양한 표현 방식을 자랑하며, 바이올린이 얼마나 다재다능한 악기인지를 보여주었다. 당시 바이올린소나타와 같은 실내악곡들은 작곡가들에게는 주 수입원 중 하나였다. 가정에서 실내악을 연주하는 것은 당시 음악을 즐기는 중요한 방법이었기에, 마치 요즈음 음반이 팔리듯이 실내악곡의 악보가 팔렸던 것이다. 그러니 베토벤에게 바이올린소나타 작곡은 무척 중요한 일이었을 것이다. 당시 그는 본에 있는 친구 베겔러에게 보낸 편지에서 바이올린소나타를 작곡하는 일이 얼마나 많은 수입을 보장해주는지 자랑삼아 말하기도 했다.

베토벤의 바이올린소나타 열 곡을 굳이 분류해본다면 모차르트의 영향이 짙게 나타난 초기의 소나타(1, 2, 3번)와 자신만의 개성을 표출하기 시작한 두 개의 대조적인 소나타(4, 5번), 멜로디와 반주의 구조를 탈피해 새로운 길을 모색한 세 곡의 소나타(6, 7, 8번), 그리고 후기의 걸작 소나타 두 곡(9, 10번)으로 나누어볼 수 있겠다. 각기 다른 개성을 지닌 이 열 곡의 소나타들 중에서 가장 밝게 빛나는 걸작을 꼽으라면 역시 〈크로이처〉가 아닐까 싶다.

이 곡의 부제인 '크로이처'는 프랑스 출신 바이올리니스트의 이름에서 따 온 것이다. 베토벤이 그에게 이 소나타를 헌정했기 때문에 '크로이처'라는 부제가 붙었지만, 정작 이 작품을 헌정받은 크로이처는 "난폭하고 무식한 곡"이라고 평하며 거들떠보지도 않았다는 사실이 아이러니하다. 본래 베토벤이 이 곡을 작곡하면서 염두에 둔 바이올리니스트는 브리지타워George Bridgetower였다. 아프리카 출신의 아버지와 유럽인 어머니 사이에서 태어나 주로 영국에서 활동하던 그는 화려한 연주 스타일과 뛰어난 기교로 일찍부터 명성을 얻었고, 베토벤은 그런 그의 연주를 아주 좋아했다. 1803년 5월에 빈에서 열린 〈크로이처〉의 초연 무대는 대성공이었고, 연주를 맡은 베토벤과 브리지타워는 청중의 열광적인 환호에 답하기 위해 2악장을 다시 한번 연주했다. 당시까지만 하더라도 두 사람의 관계는 무척 우호적이었다. 새로운 소나타의 연주를 앞둔 리허설에서 브리지타워가 1악장의 피아노 카덴차 부분을 바이올린으로 멋지게 연주해내자 베토벤은 너무나

르네 프랑수아 자비에 프리네, 〈크로이처 소나타〉(1901)

바이올린소타나 9번 〈크로이처〉

감격하여 벌떡 일어나 그를 끌어안고 "다시 한번만 해보게! 내 사랑스러운 동반자여!"라고 외쳤다고 한다. 브리지타워 역시 베토벤을 음악적으로 매우 존경했고, 훗날 베토벤이 그날의 연주회에서 느린 2악장 변주곡들을 "고상한 열정"으로 표현했다고 찬사를 보냈다. 이 모든 증언들로 미루어볼 때 그들은 서로의 연주를 아끼고 이해했던 음악적인 파트너였음이 확실하지만 언제부터인가 그들의 우정에 금이 가기 시작했다. 알려진 바로는 한 여인 때문에 그들이 서로 반목하게 되었다고 한다. 그래서 베토벤은 1805년에 새로운 바이올린소나타를 출판하면서 엉뚱하게도 이 곡을 크로이처에게 헌정하기로 마음먹었던 것이다.

〈크로이처〉에서는 넓은 음역을 자유롭게 넘나들며 숨 가쁘게 펼쳐지는 피아노 파트가 특히 화려하다. 너무 화려한 나머지 마치 바이올린을 위협하듯 공격적이다. 그러나 이에 대항하는 바이올린 파트 역시 만만치 않아서 불을 뿜는 듯한 스타카토와 강렬한 악센트를 선보이며 피아노와 접전을 벌인다. 그래서 음악학자들은 이 곡이야말로 바이올린과 피아노가 서로 대등한 위치에 있는 진정한 의미의 듀오 소나타라고 본다. 베토벤 역시 이런 점을 악보에 분명하게 명시하고 있다. 이 곡의 초판본을 보면 "거의 협주곡처럼, 극히 협주곡과 같은 스타일로 작곡된 바이올린 오블리가토에 의한 피아노소나타"라고 쓰인 것을 발견할 수 있다. 여기서 '협주곡 같은 스타일'이라는 말에 주목할 필요가 있다. 협주곡, 즉 콘체르토concerto는 본래 '콘체르타레concertare'를 어원으로 하는데, 이 말에는 서로 '경쟁하다' '겨루다' 또는 '협력하다' '일치하다'라는 뜻이 담겨 있다. 베토벤이 〈크로이처〉를 협주곡과 같은 스타일로 작곡했다는 것은 결국 피아노와 바이올린이 서로 경쟁하고 협력하는, 진정한 의미의 이중주곡으로 작곡했다는 것을 뜻한다. 이 곡을 들으면서 바이올린과 피아노가 서로 투쟁하는 듯한 인상을 지우기 어려운 것은 결코 우연이 아닌 것이다. 그는 이미 이 곡 속에 그런 의도를 숨겨놓고 있었다.

이렇게 극적인 성격 덕분인지 〈크로이처〉는 이후 러시아의 대문호 톨스토이의 영감을 자극하여 『크로이처 소나타』라는 소설로 재탄생했다. 이 소설은 당대에 대단한 문제작이었다. 1889년에 발표된 이후 논쟁의 중심이 되었고, 당시 지식인들이 서로 만나면 이 소설을 읽었느냐는 말로 인사를 대신할 정도였다. 결국 이 작품이 발표된 이듬해에 판매가 금지되기도 했다. 대체 어떤 내용을 담은 소설이기에 그렇게 논란이 되었던 것일까?

『크로이처 소나타』는 한때 우리나라에서 '결혼'이라는 제목으로 출간되었던 것에서 알 수 있듯이 결혼이라는 문제를 핵심적인 주제로 한다. 이 소설 속에서 톨스토이는 진실한 사랑에 기반을 두지 않고 단지 육체적인 욕망 충족을 위한 결혼과 부부 관계의 위선을 낱낱이 폭로하여 충격을 주었다. 게다가 톨스토이와 그의 부인 소피아의 관계를 어느 정도 반영한 것으로 알려져서 더욱 논란이 되었다. 톨스토이의 전기를 저술한 라브린Janko Lavrin은 그가 『크로이처 소나타』를 쓸 당시 욕정에 사로잡혀 있었으며, 일흔 살을 넘긴 그에게 내재했던 도덕주의자로서의 목소리가 엄격한 말로 성적인 것을 비난하고 있었음에도 정작 그 자신은 성적인 욕구에 저항하지 못했다고 기술했다.

『크로이처 소나타』에서 음악의 역할은 매우 크다. 주인공의 아내가 바이올리니스트와 함께 〈크로이처〉를 연주하는 장면을 묘사한 문장을 읽어보면, 사실상 주인공이 아내를 살해하게 된 것이 〈크로이처〉 때문인 듯한 인상까지 받게 된다. 톨스토이가 베토벤의 〈크로이처〉를 자신의 소설 속에서 중요하게 부각한 까닭은 여러 가지로 볼 수 있겠지만, 우선 이 곡이 바이올린과 피아노가 동등한 비중으로 서로 경쟁하듯 연주하는 진정한 2중주 소나타라는 점에 있을 것이다. 『크로이처 소나타』가 다루는 '사랑과 결혼'이란 주제는 결국 남녀 간의 이중주와도 같은 것이다. 또한 〈크로이처〉가 대단히 격정적이고 감정이 풍부하며 다양하게 변주되는 곡이라는 점에서 남녀 관계와 유사하므로 더더욱 이 소설의

그리고리 그리고리예비치 마소예도프, 〈톨스토이의 『크로이처 소나타』를 읽는 사람들〉(1889)

핵심적인 내용을 잘 전달할 수 있는 음악 작품이라 하겠다.

　톨스토이는 〈크로이처〉의 전 3악장 가운데 특히 1악장의 '프레스토' 부분을 짚으면서, 음악이 인간에게 얼마나 강렬한 감정을 일으킬 수 있는지를 생생하게 표현한다. 소설 속에서 아내가 젊은 바이올리니스트와 함께 〈크로이처〉를 격정적으로 연주하는 장면을 지켜본 주인공은 아내를 향한 참을 수 없는 질투와 증오심으로 괴로워한다. 그동안 아내를 '소유'하고 있다고 생각한 그는 아내가 자신과는 한 번도 맛보지 못한 '정신적인 일치'를 다른 남자와 이루는 것을 보는 수치를 경험한 것이다. 바이올리니스트와의 만남을 거듭할수록 아내가 점차 변해가는 것을 감지한 그는 아내를 사랑해야 할지 미워해야 할지조차 알 수 없는 깊은 혼란에 빠진다. 그는 이런 상태에서 빠져나올 수 있는 길은 '아내가 죽든지, 아니면 아내와 이혼을 하는 것'이라고 생각한다. 자신의 결혼 생활이나 여성관에 대한 반성은 추호도 하지 않고, 오로지 아내를 괴롭히기 위한 두 가지 선택만을 생각한 것이다. 결국 주인공은 아내를 칼로 찌르고, 그때 그녀의 코르셋 밑에서부터 새빨간 피가 솟구쳐 오른다. 그 순간 주인공은 자신이 이미 오래전부터 아내를 정신적으로 살해해왔음을 깨닫는다. 함께 살면서도 정신적인 배려를 하지 않고 괴로움을 안겨주는 관계가 살해하는 행위와 다름없다는 사실을 그제야 알게 된 것이다.

　톨스토이의 『크로이처 소나타』는 다시 체코의 작곡가 야나체크Leoš Janáček에게 영감을 주어 질투의 무서움과 연애의 비극적 측면을 자유로운 형식 속에 담아낸 〈현악 4중주 1번 크로이처 소나타〉가 탄생했다. 그는 이 곡에서 여성에 대한 남성의 횡포에 특히 주목하고, 사랑에 의해 고통받는 여인을 4악장에 걸쳐 낱낱이 담아냈다. 그는 1악장을 '고통받는 여인의 초상', 2악장을 '유혹', 3악장을 '위기'로 보고, 마지막 4악장 '휴머니즘'을 클라이맥스에 다다른 악장으로 해석했다. 즉 결혼에 얽매여 진실한 감정을 왜곡하는 것이야말로 오히려 부도덕한 것이며, 진실한 연애만이 지상 최고의 가치를 지닌다는 것이 그가 내린 결론이었다. 그는 음악을 통해 내린 결론을 몸소 경험했다. 바로 스물다섯 살의 카밀라Kamila Stösslová를 만나 운명적인 사랑을 나눈 것인데, 당시 야나체크는 예순세 살이었다. 그들의 사랑에 나이 차는 문제되지 않았지만, 두 사람 모두 결혼한 몸이었다는 것이 최대 걸림돌이었다. 게다가 두 사람이 살던 지역은 차로 3시간 가까이 걸릴 정도로 멀리 떨어져 있어서 두 사람은 매주, 때로는 매일 편지를 쓰기도 했다. 10여 년간 야나체크가 카밀라에게 보낸 편지는 무려 600여 통에 달하는데, 편지에 담긴 그의 마음은 〈현악 4중주 2번 비밀 편지〉에도 그대로 녹아 있다. 이렇듯 베토벤의 〈크로이처〉는 톨스토이의 소설과 야나체크의 음악으로 이어지며 후대 예술가들에게 끊임없는 영감을 주었다.

굴욕과 패배에서
영광과 승리로

드라마틱 소나타 시기

베토벤의 청력에 처음으로 이상이 생긴 시기는 1796년이고, 이후 그 증세는 매우 서서히 진행되었던 모양이다. 베토벤은 청력 이상을 느낀 후에도 꽤 오랫동안 연주자로 활동했다. 체르니에 의하면, 그는 1811년과 1812년 무렵에도 제자의 연주를 정확하게 수정해줄 수 있었다고 한다. 게다가 1814년 4월에는 후원자 루돌프 대공에게 헌정한 피아노 3중주곡의 피아노 파트를 직접 연주했다. 당시 베토벤은 오른쪽 귀의 청력이 완전히 상실되고, 왼쪽 귀의 청력이 많이 약해진 상태였음에도 현란한 기교를 선보였다. 그러나 이듬해인 1815년 1월에 노래 반주자로서의 무대를 마지막으로 그는 더 이상 피아니스트로 생활을 할 수 없게 된다.

서서히 목을 죄어오듯, 그의 귀는 시간이 지날수록 점차 들리지 않게 되었다. 생각만 해도 너무나도 끔찍한 상황이다. 도대체 베토벤의 청력 상실의 원인은 무엇일까? 바그너Johann Wagner 박사의 주도하에 1863년과 1888년 두 차례에 걸쳐 부검한 보고서가 남아 있지만, 그의 청력 이상에 대한 원인을 명확히 알려주는 책은 많지 않다. 그나마 카이에르스의 전기에 소개된 내용이 다소 신빙성이 있어 보인다. 바이센바흐Aloys Weißenbach 박사에 의하면, 베토벤은 1796년 연주 여행을 마치고 빈으로 돌아온 뒤 발진티푸스에 걸려 심하게 앓았다고 한다. 그가 베를린에 머무를 때 쥐벼룩에 물려 감염된 것으로 보이는 이 병은 고열과 두통, 발진 증세를 동반한다. 다행히도 그가 앓은 병은 전염성은 없었지만, 환자 중 15퍼센트 정도는 의식장애나 반신불수 등의 합병증을 얻거나 청력을 상실하는 후유증을 겪었다. 그렇다면 베토벤이 바로 그 15퍼센트 안에 든 한 사람이라는 이야기가 된다. 그의 청력 상실이 연주 여행을 마친 이후에 앓은 발진티푸스 때문이었다면, 베토벤은 음악가로서 성공적인 도약을 하려는 순간에 자신의 야망을 좌절시킬 수도 있는 강력한 질병을 얻은 셈이다. 20대 후반의 재능 있는 젊은이에게는 너무나 가혹한 운명이었다.

앞서 이야기한 것처럼 베토벤은 요양을 위해 빈 근교의 하일리겐슈타트를 찾는다. 그가 살았던 집을 보기 위해 빈에서 트램으로 한 시간가량 걸리는 하일리겐슈타트로 갔다. 정류장에서 내려 조금 걸으니 '베토벤강Beethovengang'이라는 글자와 함께 그의 산책로였다는 작은 숲길이 모습을 드러냈다. 별안간 귀를 막고 걸어야겠다는 생각이 들었다. 귀가 잘 들리지 않았던 베토벤의 입장이 되어 숲속의 온갖 소리를 경험해보고 싶었다. 귀마개를 꺼내 귀를 틀어막으니 이곳에서 들려오는 온갖 신비로운 소리들이 꿈결같이 느껴지기도

인생의 전환점을 맞이한 하일리겐슈타트

잘 들리지 않는 귀 때문에 삶이 끝났다고 생각한 베토벤은 하일리겐슈타트에서 유서를 쓰다가 인생의 전환점을 맞이하게 된다. 이곳에는 베토벤이 살았던 집이 몇 군데 남아 있는데, 그중 그가 유서를 썼다고 알려진 베토벤하우스는 현재 베토벤기념관으로 운영되고 있다.

했지만, 금세 견디기 힘들 만큼 답답해졌다. 베토벤이 이런 답답한 상태에서 숲속의 소리를 듣기 위해 부단히도 노력하며 이 길을 걸었을 것이라고 생각하니 가슴이 아팠다.

하일리겐슈타트는 한적한 시골 마을이라 그런지 골목골목을 지나며 베토벤의 집을 찾으러 가는 여정 중에도 사람 한 명 만나기가 어려울 정도였다. 가끔씩 쌩쌩 달리는 자동차가 경적을 울리며 옆으로 비키라는 신호를 보낼 뿐이었다. 지금도 이렇게 적적한 하일리겐슈타트가 베토벤 시대에는 어떠했을지 짐작이 갔다. 사람을 피해 조용히 살기 위한 곳으로 이곳만큼 좋은 곳도 없어 보였다. 비좁은 골목길에서 간신히 차를 피해 걷다가 드디어 1802년에 베토벤이 머무른 집을 찾아냈다. 이 집 현관 입구에 그가 동생들에게 보내려 했던 바로 그 편지가 전시되어 있었다.

베토벤은 하일리겐슈타트에서 유서에 가까운 편지를 쓴 뒤 죽기로 결심하지만, 그를 벼랑 끝으로 몰아갔던 절망은 새로운 창작을 향한 열정으로 바뀌었다. 유서를 작성한 이후 그는 피아노소나타를 비롯한 기악곡 작곡에 몰두했는데, 그 웅대한 악상과 격정적인 표현과 거침없는 역동성은 일찍이 다른 작곡가들의 작품에서 유례를 찾아보기 힘든 것이었다. 순수 기악곡임에도 극적인 힘을 느끼게 한다. 학자들은 베토벤이 하일리겐슈타트의 유서를 쓴 1802년부터 1808년까지의 6년간을 '드라마틱 소나타 시기'라고 부른다. 이 시기에 탄생한 〈피아노소나타 17번 D단조 템페스트〉(Op. 31, No. 2)와 〈열정〉 그리고 교향곡 〈영웅〉과 〈운명〉 등은 베토벤 특유의 극적이고 열정적인 개성이 마음껏 발휘된 대표작으로 꼽힌다.

새로운 길을 예고하는 〈템페스트〉

베토벤의 대표작들은 그가 하일리겐슈타트에서 유서를 작성한 1802년 10월 이후에 탄생했지만, 그 이전에도 변화의 조짐은 있었다. '비창'이라는 부제로 널리 알려진 〈피아노 소나타 8번 c단조〉(Op. 13), 셰익스피어의 희곡 「템페스트」에서 영감을 받아 쓴 것으로 추정되는 〈템페스트〉가 바로 그렇다. 특히 〈템페스트〉는 베토벤이 유서를 쓰기 몇 달 전인 1802년 봄에 작곡된 것으로 보이며, 전보다 한결 대담하고 자유분방하며 과감한 목소리를 1악장에 담아냈다. 베토벤은 친구이자 궁정 바이올리니스트인 크룸프홀츠Wenzel Krumpholz에게 "나는 지금까지 쓴 작품에 만족하지 않네. 이제부터 새로운 길을 찾고자 하네"라고 말했다고 하는데, 아마도 이 '새로운 길'을 보여주는 작품이 바로 〈템페스트〉가 아닌가 싶다.

피아노소나타 17번 〈템페스트〉

존 윌리엄 워터하우스, 〈미란다-템페스트〉(1916)

'템페스트', 즉 폭풍이라는 별칭이 붙은 까닭은 베토벤의 제자 쉰들러가 전한 일화 때문이다. 어느 날 쉰들러가 베토벤에게 피아노소나타 〈템페스트〉와 〈열정〉을 어떻게 해석해야 하느냐고 묻자, 「템페스트」를 읽던 베토벤이 이 책을 읽어보라고 답해서 '템페스트'라는 이름이 붙었다고 한다. 실제로 이 두 피아노소나타에는 폭풍우를 연상시키는 주제들이 등장하기는 하지만, 베토벤이 과연 실제로 셰익스피어의 작품을 염두에 두고 이 주제들을 작곡했는지는 알 수 없다. 그보다는 이 작품들을 작곡할 당시 그의 상황이 「템페스트」의 주인공 프로스페로와 매우 유사했다는 점에 주목할 필요가 있다.

미국의 음악학자 알브레히트Theodore Albrecht가 쓴 논문을 보면 베토벤의 〈템페스트〉와 셰익스피어의 「템페스트」의 연관성을 발견할 수 있다. 「템페스트」의 주인공인 밀라노의 대공 프로스페로는 마음껏 마법을 공부하기 위해 공국의 통치를 동생 안토니오에게 맡긴다. 그러자 안토니오는 나폴리의 왕 알론조의 힘을 빌려 형의 지위를 찬탈하고, 그의 가족들을 망망대해에 던져버린다. 다행히 나폴리의 인자한 대신 곤잘로의 도움으로 목숨을 구한 프로스페로는 어린 딸과 함께 무인도에서 마법을 연마하며 12년을 보낸다. 그러던 어느 날 그는 알론조가 일행들과 함께 튀니스에서 거행된 딸의 결혼식에 참석한 후 항해에 올랐다는 소식을 듣는다. 그 배에는 안토니오도 타고 있었으니 복수를 할 수 있는 절호의 기회였다. 그는 마술을 부려 폭풍우를 일으키고 배에 있던 사람들을 자신이 사는 무인도로 데려오지만, 결국에는 모두를 용서하고 마술마저 버리는 것으로 이야기는 끝이 난다.

〈템페스트〉를 작곡할 당시, 베토벤도 이와 비슷한 상황에 처해 있었다. 그는 하일리겐슈타트에서 요양하며 열정적으로 작곡에 전념하고 있었기 때문에 출판사와의 계약 업무 등은 모두 동생 카를에게 맡긴 상태였다. 카를은 마치 프로스페로를 배신한 안토니오처럼 대리인 역할을 넘어 자기 마음대로 작품 계약을 맺어 베토벤에게 손해를 끼친다. 특히 〈템페스트〉를 출판할 당시에는 베토벤과 상의도 없이 출판사 측에 작품 마감 기한을 너무 이르게 말하는 바람에 베토벤은 약속된 기한까지 작품을 넘기지 못하게 된다. 이런 일이 있을 때마다 다툼이 있기는 했어도 베토벤은 "어쨌든 그는 내 동생이야'라고 말하며 동생의 행동을 모두 용서했다고 하니, 프로스페로와 같은 용서의 미덕을 보여준 셈이다.

한편, 〈템페스트〉의 어두운 분위기는 프로스페로의 심정을 나타내는 듯하다. 동생에게 배신당해 무려 12년간 무인도에서 생활한 프로스페로의 비참함이 느껴지는 1악장 도입부는 느리고 고요하게 시작하지만, 얼마 지나지 않아 분노가 폭발하듯 빠르고 격한 음악이 뒤따른다. 우울한 음악과 격한 음악이 몇 차례 교대된 후 '폭풍'을 연상시키는 격렬한 주제가 이 소나타의 흐름을 이끌어가는 주요 동인이 된다. 베토벤의 고뇌가 선율을 타고 거침없이 흘러나오는데, 그 대담하고 자유로운 악상 전개가 경이로울 뿐이다.

교향곡의 역사를 새로 쓴 〈영웅〉

드라마틱 소나타 시기의 작품 중에서도 〈영웅〉은 교향곡의 정의를 바꾼 작품으로 서양음악사에서 매우 큰 중요성을 지닌다. 이 교향곡은 형식의 확장과 과감한 화성과 리듬으로 놀라운 음향 세계를 열었을 뿐만 아니라, 교향곡을 사상과 플롯을 지닌 새로운 형식의 음악으로 재탄생시켰다. 베토벤은 〈영웅〉에 인간의 자유와 평등에 대한 가치 등 자신이 추구하는 이념과 시대정신을 담았다. 그래서 이 곡은 마치 그의 웅변과도 같은 느낌을 준다.

〈영웅〉은 베토벤의 후원자 가운데 매우 너그러운 인물로 꼽히는 로브코비츠 공작의 저택에서 초연되었다. 지금은 예술사박물관 겸 극장으로 운영되는 이 저택의 '에로이카홀'에서 1804년 〈영웅〉이 사적으로 초연된 것이다. 19세기 초반, 로브코비츠 공작의 저택은 최신 음악의 실험실이자 연구실과 다름없었다. 그는 저택 측면을 개조하여 음악회장을 만들었고, 훌륭한 연주자들을 모아 오케스트라를 조직해 연주회를 열고 청중을 불러들였다. 이는 당대 빈 사회에서 보기 드문 파격적인 것이었다. 빈의 최상류층 귀족들은 음악 후원이 자신의 권위와 고급스러운 취향을 드러낼 수 있는 방법 중 하나라고 생각하기는 했지만, 저택에 오케스트라를 둘 만큼 음악가들을 아낌없이 지원하지는 않았다. 이 같은 당시 상황에 비추어볼 때, 로브코비츠의 음악 후원은 파격적인 것이다. 앞서 이야기했듯이, 뛰어난 비르투오소 음악가 몇 명을 집중 후원하는 방식이 경제적인 면에서나 자신들의 특별한 취향을 드러내는 데 효과적이었기 때문에 많은 귀족들이 이러한 방법을 택했다. 리히노프스키 후작이 무명의 베토벤을 자신의 집에 머물게 하고, 기꺼이 그의 매니저 역할을 자처하며 첫 작품의 출판과 해외 연주 여행까지 후원한 것이 좋은 예다. 그런데 음악가의 입장을 잘 이해했던 로브코비츠 공작의 후원 방식은 조금 달랐다. 그는 수많은 연주자들을 불러들여 베토벤이 자신의 방식대로 교향곡을 완성해낼 수 있도록 배려했다. 그 덕분에 베토벤은 청중의 기대나 바람에 얽매이거나 혹은 귀족 개인의 취향에 휘둘리지 않고 음악 작품의 예술적 완성도에만 신경을 쓰며 음악사상 전례를 찾아볼 수 없는 획기적인 교향곡을 탄생시킬 수 있었다.

나는 베토벤의 교향곡 중에서 〈영웅〉을 특히 좋아한다. 그래서 BBC에서 제작한 〈에로이카〉라는 드라마를 보며 베토벤 시대의 청중 반응에 대해 상상해보곤 한다. 에로이카홀에서 〈영웅〉이 초연되던 날 빈의 귀족들이 어떤 반응을 보였을지, 이 곡을 연주한 오케스트라 단원들의 표정이 어땠을지 말이다. 드라마에서 베토벤 역을 연기한 배우 이안 하트는 처음에 악보가 너무 어려워 엉망으로 연주하는 오케스트라 단원들에게 "나는 아름다운 소리를 원치 않는다"라고 말하며 1악장의 첫 코드를 힘 있고 강력하게 연주하라고 지시한다. 느리게 연주해도 되냐는 한 연주자의 질문에는 "안 된다. 긴급하게 연주해라"라고 단호하게 말한다. 오케스트라 단원들은 악보에 적힌 빠른 음표들을 소화하느라 헉헉거리면서도 이 교향곡의 복잡한 음표들을 놀라운 소리로 바꿔낸다. 베토벤의 혁신적인 음악에 귀족들은 한껏 빠진 듯한 표정으로 음 하나하나를 귀 기울여 들

〈영웅〉이 사적으로 초연된 에로이카홀의 천장

빈에 위치한 로브코비츠 공작의 저택에서 가장 유명한 곳이 에로이카홀이라
고 불리는 연회 장이다. 이곳에서 베토벤의 새 번째 교향곡 〈영웅〉이 사적으
로 초연되었다고 해서 이런 이름이 붙었다.

교향곡 3번 〈영웅〉

지만, 구석에 서 있는 한 귀족은 "폭력적이야!"라고 말하며 격렬한 거부반응을 보인다. 뒤늦게 로브코비츠 공작 저택에 도착한 하이든도 이 교향곡을 들으며 눈살을 찌푸린다.

사실 〈영웅〉은 그 시대 모든 사람들이 받아들일 만한 음악이 아니었다. 놀라울 정도의 엄청난 불협화음과 과격한 악센트가 빈번히 출몰하는 데다 연주 시간도 50분이 넘기 때문이다. 이 정도면 하이든의 교향곡 두 곡을 연주하고도 남을 시간이다. 그러니 어떤 한 사람이 "돈을 줄 테니까 제발 그만 연주해라"라고 말했다는 기록도 거짓은 아닐 것이다. 비평가들 역시 "엄청나게 길고 과감하며 열광적인 환상곡"이라 평했고, 어떤 비평가는 "규칙을 잃어버린 듯하다" 혹은 "지나치게 길어서 일반 음악 애호가들에게는 참기 힘든 곡"이라고 했다. 이토록 혁신적인 교향곡에 단번에 매료되어 특별한 점을 발견하기란 쉬운 일이 아니다. 그러니 〈영웅〉을 이해하는 것은 물론 이 곡을 위해 자신의 저택을 내주며 리허설 무대와 사적 초연 기회까지 마련한 로브코비츠 공작이 대단하게 느껴질 수밖에 없다.

〈영웅〉의 1악장을 장식하는 두 번의 힘찬 코드는 마치 베토벤의 영웅주의 양식을 알리는 축포와도 같이 힘차게 울려 퍼진다. 이 교향곡에서 베토벤이 보여준 표현 방식은 매우 놀랍다. 1악장 초반 두 번의 강력한 코드에 이어 첼로가 연주하는 소박한 독일 춤곡의 주제는 마치 평범한 독일 민중을 나타내듯 평이하게 연주되지만, 얼마 지나지 않아 그 선율은 으뜸조인 E플랫장조 으뜸화음에서 벗어난 C샤프로 진행하며 방향을 잃는다. 그때 바이올린이 재빨리 끼어들어 긴박한 리듬으로 주의를 끌며 다시 으뜸조 영역으로 진입해 사태를 수습한다. 고난에 빠진 민중을 구원하는 영웅처럼 바이올린이 사태를 진정시킨 것이다! 다시 독일 춤곡 주제가 반복될 때는 한결 확신에 찬 영웅적인 어조로 연주되면서 백성을 위하는 위대한 영웅, 현명한 군주상이 음악적으로 암시된다.

한편 4악장의 주제는 베토벤이 〈영웅〉을 완성하기 전에 작곡한 발레 음악 〈프로메테우스의 창조물〉의 마지막 곡 '콩트르당스'에서 착안한 것이다. 본래 콩트르당스는 요제프 2세 때 유행하던 춤곡으로, 주인과 하인이 함께 출 수 있는 춤이다. 신분에 관계없이 누구나 다함께 어울려 출 수 있는 이 춤곡은 베토벤이 지향하던 정신과도 잘 맞아떨어진다. 아마도 그는 귀족과 평민이 다함께 어울려 출 수 있는 콩트르당스의 선율을 〈영웅〉의 4악장에 넣어서 자신이 추구했던 혁명 정신을 표현하려 했으리라. 이처럼 〈영웅〉은 베토벤의 작품 중에서도 영웅주의의 절정을 보여주는 동시에, '민중을 위한 영웅'이라는 메시지가 강력하게 표현된 곡이다.

〈영웅〉은 모두 세 차례에 걸쳐 초연이 이루어진 특별한 작품이다. 1805년 4월 7일에 안 데어 빈 극장에서 대중들에게 공식적으로 선보이기에 앞서, 귀족들의 저택에서 두 차례에 걸쳐 사적으로 초연되었는데, 한번은 앞서 말한 것처럼 로브코비츠 공작 저택의 에로이카홀에서, 또 한번은 뷔르트Joseph Würth 남작의 저택에서였다. 뷔르트 남작 저택에서 이루어진 연주회는 대중들도 참석할 수 있었으므로 준공공의 성격을 띤 공연이었다. '민중을 위한 영웅'이라는 메시지가 강력하게 담긴 이 작품이 성공적으로 작곡되고 초연되기까지 귀족들의 도움이 절대적이었다는 사실은 매우 모순적이면서도 흥미로운 점이다. 베토벤의 음악은 담고 있는 메시지가 무엇이든 간에 소수의 귀족들이 이해하는 음악일 수밖에 없다. 이같이 혁신적인 음악 언어를 이해하고 경의를 표하려면 어린 시절부터 수준 높은 음악교육을 받으며 작품을 이해할 수 있는 안목과 분석 능력을 갖춰야 하기 때문이다.

이런 면에서 베토벤의 음악이 당시 중산층이 즐겨 찾던 레오폴트 슈타트극장에서는 거의 연주되지 않았다는 사실은 주목할 만하다. 이곳은 중산층들이 애용할 수 있을 만큼 입장권이 저렴했다. 또 듣기에 편안한 이탈리아 작곡가들의 작품들과 하이든, 모차르트, 케루비니Luigi Cherubini의 작품 중 가볍고도 쉬운 곡들이 무대에 올랐다. 1800년 이후로 명성이 높아진 베토벤은 공공 연주회를 늘려나갔지만, 그의 연주회는 주로 궁정의 후원을 받는 안 데어 빈 극장과 부르크극장에서 열렸다. 공연 시설이 좋았던 부르크극장에서 열린 음악회의 경우에 공작과 백작 등 고위 귀족들은 칸막이가 있는 좋은 좌석들을 예매했고, 남작 등 하위 귀족들은 따로 구분된 좌석을 차지했으며, 지식인들은 일반석에 앉았다.

한편 대학 강당에서 음악회가 열리는 경우에는 슈비텐 남작이 조직한 기사연합회가 운영을 맡았는데, 협회는 "신중하게 선택된 예약자들"에게만 입장권을 배포했다. 베토벤의 공공 연주회조차 귀족 후원자들의 보호하에 이루어졌다는 사실이 독자들의 고개를 갸우뚱하게 만들지도 모르겠다. 그러나 매우 혁신적이었던 베토벤의 작품이 귀족들의 보호를 받으며 대중들에게 서서히 퍼져나가지 않았더라면, 그의 음악이 처음부터 대중들의 지지를 받기는 어려웠을

자크루이 다비드, 〈알프스산맥을 넘는 나폴레옹〉(1801년경)

나폴레옹은 프랑스혁명의 계승자를 자처하며 두각을 나타낸다. 그는 다비드에게 자신의 위
용을 드러낼 수 있는 그림을 그리도록 명한다. 붉은 망토를 휘날리며 백마 위에 올라타 앉은
나폴레옹의 모습을 보고 있노라면 경외감이 느껴진다. 계몽주의를 이념으로 한 프랑스혁명
에 매료되었던 베토벤은 나폴레옹을 그 혁명 정신을 퍼뜨릴 인물로 보았다. 하지만 얼마 안 가
그 기대는 처참히 무너졌다.

영웅 나폴레옹의 이름을 지워버린 〈영웅〉의 악보

베토벤은 나폴레옹에게 교향곡을 헌정하려 했지만, 나폴레옹의 황제 즉위 소식을 듣고 분노하며 〈영웅〉 교향곡의 악보 표지를 찢어버렸다고 한다. 그때 그가 찢어버린 표지는 소실되었지만, 사보가가 추가한 새로운 표지는 지금도 남아 있다.

것이다. 베토벤은 당시 변화하는 귀족 사회의 취향에 부합하는 음악을 내놓았기 때문에 그들의 비호를 받으며 독창적인 음악 세계를 마음껏 펼칠 수 있었다. 그리고 베토벤이라는 이름의 가치가 높아지고 유명해지면서 그의 음악은 점차 중산층을 비롯한 대중들에게도 널리 받아들여질 수 있었다.

원래 베토벤은 〈영웅〉을 스케치하며 '보나파르트'라는 부제를 붙이려고 했다. 그는 공화주의자의 이상을 보여준 나폴레옹의 영웅적인 정신에 크게 경도되어 있었기에 이 곡을 나폴레옹에게 헌정하려고 했다. 그러나 제자 리스의 증언에 따르면, 베토벤은 나폴레옹의 황제 즉위 소식을 듣고 "그렇다면 그도 나머지 놈들보다 나을 게 없구나!"라고 분노하며 악보의 표지를 찢어버렸다고 한다. 그때 그가 찢어버린 표지는 소실되었지만, 사보가가 추가한 새로운 표지는 지금도 남아 있다. 보나파르트의 이름을 심하게 지운 나머지 표지에 구멍이 나 있다. 하지만 1806년에 처음 출판된 〈영웅〉의 표지에 보나파르트라는 이름은 보이지 않고 '에로이카 심포니, 어느 위대한 인물을 기억하며Sinfonia Eroica, composta per festeggiare il sovvenire di un grand Uomo'라고 적혀 있을 뿐이다.

교향곡의 제목을 '보나파르트'라고 하려 했던 베토벤의 계획은 실현되지 않았지만, 나폴레옹의 영웅적 이미지는 음악 전체에 스며들어 있다. 전투 장면을 떠올리게 하는 첫 악장, 2악장의 비통한 '장송 행진곡', 스케르초에 담긴 광적인 에너지, 피날레에서 암시된 시골풍 무곡과 '콩트르당스'의 선율은 〈영웅〉에 독특한 서사적 구조를 부여함으로써 교향곡 역사에 극적인 변화를 가져왔다. 그런 까닭에 후대의 음악학자나 비평가 들은 이 작품이 트로이전쟁 속 영웅들을 묘사한 작품이라고 해석하기도 한다.

19세기 프랑스의 음악학자 밀Marie Miel은『교향곡, 베토벤의 교향곡과 파리에서의 공연에 대해Über die Symphonie, über dir Symphonien Beethoven's, und über ihre Ausführung in Paris』에서 〈영웅〉의 첫 악장을 트로이전쟁의 한 장면으로 간주한다. 또한 2악장 '장송 행진곡'을 "영웅의 유해는 저 멀리 운반된다"라고 해석하며, 고대 영웅들의 장송 행진과 그들을 애도하며 그 뒤를 따르는 군대와 민중들을 묘사한 음악으로 해석한다. 실제로 이 곡을 들어보면 호메로스가『일리아드』에 묘사한 파트로클로스의 장례식이 연상된다. 그리스 최고의 영웅 아킬레우스는 사랑하는 동료인 파트로클로스가 전장에서 트로이의 영웅 헥토르의 칼에 쓰러질 때, 에우리디케를 잃은 오르페우스만큼이나 큰 슬픔에 잠긴다. 파트로클로스의 장례식은 전례 없이 성대하게 치러진다. 밀은 3악장에 대해『일리아드』의 제23권에서 파트로클로스를 기념하는 장례식의 향연이라 해석하고는 인류 역사상 매우 뛰어난 예술가인 호메로스와 베토벤을 비교하면서 다음과 같은 결론을 내린다. "베토벤은 호메로스에 비유된다. 그들은 운명의 불운함에서조차 유사하다. 그들은 때 이른 감각의 상실로 고통받는다. 시인은 시력을, 음악가는 청력을." 이 부분에서 베토벤은 호메로스에 비견되는 위대한 창조자로서 거의 신격화되며 그의 청력 이상마저 신성시된다. 밀이 이 책을 내놓은 시기가 1834년이었으니 베토벤 사후 7년이 되는 시점이다. 당시 프랑스의 음악학자가 베토벤을 인류 최고의 서사시를 쓴 호메로스와 견주며, 그의 귓병마저 뛰어난 창조적 능력을 지닌 대가로 얻은 치명적인 질병으로 신성시할 정도라면 베토벤이라는 이름과 그의 영웅적인 작품들이 해외에서도 얼마나 열광적으로 받아들여졌는지 짐작할 수 있다.

승리의 환희가 어린 오페라, 〈피델리오〉

〈영웅〉의 창작 배경에서 알 수 있듯이, 베토벤은 자신이 추구하는 이념을 작품에 담아내고자 했다. 위기에 처한 남편을 구하는 아내의 고귀한 용기를 다룬 그의 유일한 오페라인 〈피델리오〉에서도 이 같은 태도를 엿볼 수 있다. 그러니 베토벤이 결혼을 약속한 연인들이 변심하는 내용을 줄거리로 하는 모차르트의 오페라 〈코지 판 투테〉를 경박하다고 평했던 것도 당연한 일일지 모른다. 그러나 당시 청중들은 이념이나 도덕적인 가치를 추구하는 엄숙함보다 흥미진진하고 박진감 넘치는 이야기를 원했다. 〈피델리오〉는 초연 당시에 대중들의 눈높이에 맞는 작품이 아니었기 때문에 큰 성공을 거두지 못했다. 이후 베토벤이 심기일전하여 여러 차례 이 오페라를 개정하는 바람에 하나의 오페라를 위해서 무려 네 곡의 서곡이 탄생하게 된다. 잘 알려진 〈피델리오〉 서곡 외에 〈레오노레〉 서곡 1번과 2번과 3번이 모두 〈피델리오〉를 위한 서곡이다. 서곡의 제목이 '레오노레' 혹은 '피델리오'로 달라서 혼동하기 쉽지만 그 모두가 하나의 오페라를 위한 것이다.

베토벤이 〈피델리오〉를 작곡하기 시작한 것은 1804년 무렵이었다. 이 작품의 원작자인 부이Jean-Nicolas Bouilly는 행정관 겸 검사로 있을 때 목격한 사건을 바탕으로 〈레오노레〉를 집필했고, 베토벤은 부이의 작품을 원작으로 한 존라이트너Joseph Sonnleithner의 대본으로 〈피델리오〉를 작곡했다. 〈피델리오〉의 대략적인 줄거리는 다음과 같다.

플로레스탄은 고귀한 성품을 지닌 인물로 사악한 독재자 피차로에 반대했다가 감옥에 갇히고 만다. 설상가상으로 피차로가 감옥의 감독관이 되는 바람에 그는 더욱더 절망에 빠진다. 플로레스탄의 아내 레오노레는 남편을 구하기 위해 남장을 하고는 나이든 간수의 조수로 취직한다. 그때 그녀는 '피델리오'라는 가명을 사용하는데, 이 말은 믿을 수 있는 사람이란 뜻이므로 이름을 무척 잘 선택한 셈이다. 그녀는 지하 감옥 깊숙이 들어가 남편을 구할 기회만 엿본다. 그러던 중 피차로는 수상이 감옥을 방문할 것이라는 소식을 듣고, 그동안 자신이 저지른 불의가 드러나지 않을까 하고 두려워한다. 그는 서둘러 플로레스탄을 죽이려 하고, 그 순간 수상이 도착했다는 신호나팔 소리가 울려 퍼진다. 결국 피차로의 악행이 드러나고, 플로레스탄은 목숨을 구하게 된다. 그는 사랑하는 아내 피델리오, 즉 레오노레와 함께 기쁨의 노래를 부른다.

베토벤은 이런 내용의 대본을 곡에 붙이고 부이의 원작에 따라 오페라의 제목도 '레오노레'라고 했다. 그런데 1805년 11월 20일에 이 작품이 안 데어 빈 극장 무대에서 초연될 당시 극장의 지배인이 레오노레의 이야기가 이미 여러 버전으로 발표되었기에, 다른 작품과 차별화하기 위해 제목을 '피델리오'로 고쳐 상연했다.

베토벤은 오페라의 초연을 위해 〈레오노레〉 서곡 1번을 작곡했으나 이 곡은 거부되었다. 극적인 오페라에 비해 서곡이 다소 빈약하다는 것이 그 이유였다. 그는 다시 서곡을 작곡했고, 이 곡이 바로 〈레오노레〉 서곡 2번이다. 그런데 존 라이트너 대본의 희극과 비극을 뒤섞어놓은 모호한 콘셉트 때문에 초연을 제외하고 단 두 차례만 공연되었다. 초연의 실패 이후 베토벤은 작품을 개정해 1806년 3월 29일에 무대에 올렸고, 이때 연주된 곡이 〈레오노레〉 서곡 3번이다. 그러나 이번에도 대본이 문제가 되었다. 1814년 초에 케른트너토어 극장의 연주가들이 베토벤을 찾아가 〈피델리오〉를 다시 연주하게 해달라고 간청하지 않았더라면, 이 작품은 실패작으로 역사에 기록된 채 영원히 묻혀버렸을지도 모른다. 베토벤은 음악을 대폭 개정할 수 있는 시간을 달라는 조건을 내걸고 극장의 제안을 받아들였다. 문제가 많았던 대본은 안 데어 빈 극장의 무대감독이자 시인 트라이추케Georg Friedrich Treitschke가 수정했다. 2막 구성의 〈피델리오〉 3판은 1814년 5월 23일에 초연되었다. 그 당시 오페라 공연에서는 〈피델리오〉 서곡이 연주되었다.

여러 차례의 개정을 거치는 진통을 겪은 〈피델리오〉는 이때에 이르러 비로소 크게 주목받기 시작했다. 나폴레옹이 1814년에 엘바섬으로 유배를 간 이후 각 나라의 지도자들은 빈에 모여 새로운 질서를 재편하기 위해 논의를 했는데, 이것이 이른바 빈 회의다. 당시 빈에는 유럽의 최고위층 인사들뿐 아니라 여러 상인과 예술가, 점성술사 등 이 절호의 기회에 동참하고자 하는 사람들로 넘쳐났다. 베토벤 또한 자신에게 중요한 기회가 왔음을 직감했다. 불의에 맞

오페라 〈피델리오〉 공연의 한 장면

프랑스혁명 당시 감옥에 갇힌 남편을 구하기 위해 남장을 한 아내의 실화를 바탕으로 한 작품
이다. 당시에는 예술성보다 청중들의 흥미를 자극할 만한 소재를 위주로 오페라로 구성했는
데, 이를 못마땅하게 여긴 베토벤은 자신이 추구하는 도덕성과 윤리의식을 담아낼 수 있는 작
품을 쓰기 위해 고심했고, 그 결과물이 바로 〈피델리오〉다.

〈피델리오〉 서곡

선 피델리오의 의로운 투쟁, 악인 피차로를 무너뜨린 용기, 결국 정의가 승리한다는 이 오페라의 결말은 악인 나폴레옹의 군대를 무찌른 정의로운 연합군의 승리를 정당화하기에 더할 나위 없이 적합했기 때문이다. 1814년 5월 〈피델리오〉 3판의 초연 이후, 빈 회의 기간에 이 오페라는 몇 차례 더 상연되며 인기를 모았다. 같은 해 9월 26일에는 러시아 황제와 프로이센 왕이 〈피델리오〉 공연을 관람했고, 오스트리아 황제 역시 그해 10월에 열린 자신의 영명축일 음악회에서 이 오페라를 관람했다.

베토벤이 예감한 대로 줄거리 자체가 당시 시대상황과 잘 맞아떨어졌기에 〈피델리오〉는 큰 주목을 받을 수 있었다. 황제를 비롯한 고위층 인사들이 〈피델리오〉를 보았다는 사실만으로도 베토벤은 관심을 한몸에 받았다. 그는 이 기회를 이용해 그해 빈에서 세 차례의 음악회를 선보이며 자신의 명성을 공고히 해나갔다. 덕분에 그의 명성은 빈 곳곳으로 퍼져나갔고, 1815년 11월에는 빈의 명예시민으로 위촉되었다. 이제 베토벤은 하이든이 예언했던 대로 그 누구도 의문을 제기할 수 없는 위대한 음악가로서 확고한 위치를 차지하게 되었다.

미래의 청중을 위한 곡

베토벤은 평생 동안 자신의 이름으로 된 집이 없었고, 한 집에 오래 머무르지 않기로 유명했다. 하지만 빈의 파스콸라티하우스에서는 1804년부터 1815년까지 10년 넘게 머물렀다. '파스콸라티'는 이 집의 소유주였던 파스콸라티 남작 Josef Benedikt Baron Pasqualati에서 가져온 것이다. 베토벤이 빈에서 가장 오래 머무르며 주요 작품들을 작곡했다는 이곳은 현재 박물관으로 운영 중이다. 교향곡 4번, 5번, 7번을 비롯해 〈피델리오〉와 〈레오노레〉 서곡 3번 그리고 〈피아노협주곡 4번 G장조〉와 〈바이올린협주곡 D장조〉(Op. 61), 〈라주모프스키〉의 세 곡과 〈현악 4중주 11번 f단조 세리오소〉(Op. 95)까지, 지금도 전 세계 음악가들에게 사랑을 받는 그의 대표 걸작들이 모두 이 집에서 나왔다. 이 중 〈라주모프스키〉의 세 곡은 빈에 위치한 라주모프스키궁전과 관련이 있다.

1805년 말, 빈 궁정에 머무르던 러시아 대사 라주모프스키Andrey Razumovsky 백작은 베토벤에게 빈에 건립될 자신의 화려한 궁전에 어울리는 현악 4중주를 의뢰했다. 그러나 〈라주모프스키〉를 듣고 있노라면 궁정의 사치스러움을 떠올리기 쉽지 않다. 그토록 진지한 표현과 견고한 구성을 갖춘 지적인 작품을 과연 귀족들의 여흥을 위한 음악이라고 할 수 있을까? 지금 들어도 대단히 파격적이기 때문에 베토벤 시대에는 전위음악으로 들렸을 것이다. 그러니 1807년에 〈라주모프스키〉가 발표된 후 베토벤에게 혹평이 쏟아진 것도 무리가 아니다. 실내악은 아마추어 음악가들이 함께 즐기기 위한 음악이라는 인식이 강했던 그 당시에 교향곡을 방불케 하는 장대한 규모의 현악 4중주곡을 들은 사람들은 당혹감을 감추지 못했다. 그러나 베토벤에게 현악 4중주는 즐기기 위한 음악이 아니라 두 대의 바이올린과 각각 한 대의 비올라와 첼로의 동질적인 음색을 바탕으

파스콸라티하우스

소유주인 파스콸라티 남작의 이름을 딴 집이다. 교향곡 4번, 5번 7번을 비롯하여 베토벤의 유일한 오페라 〈피델리오〉 등이 이곳에서 탄생했다. 베토벤이 한 집에서 이렇게 오래 머무르는 것도 이례적인 데다. 눈에 띄는 걸작들이 모두 이 집에서 탄생했으니 그 까닭을 둘러싸고 다양한 연구가 이루어진 모양이다. 그중 동양의 풍수에서 그 원인을 찾는 흥미로운 의견도 있다.

로 논리적으로 전개되는 가장 지적인 음악이며, 작곡가로서 기법을 시험하는 진지한 음악이었던 것이다.

1800년에 베토벤이 여섯 곡으로 구성된 〈현악 4중주〉(Op. 18)를 작곡했을 때만 하더라도 현악 4중주는 그에게 그다지 심오한 장르가 아니었다. Op. 18을 비롯한 초기 현악 4중주들은 대부분 하이든과 모차르트의 작품을 떠올리게 하는 발랄하고 유쾌한 음악으로 이루어졌다. 그러나 그로부터 6년이 지나 완성한 Op. 59의 〈라주모프스키〉는 Op. 18을 작곡한 동일인의 작품이라고는 믿어지지 않을 정도로 파격적이고 혁명적이다.

〈라주모프스키〉를 작곡할 당시의 베토벤은 예전의 그가 아니었다. 귓병의 악화로 인해 그는 공포와 분노, 반항심에 불타오르며 그 끓어오르는 에너지를 음악에 쏟아붓기 시작했다. 그는 더 이상 대중의 취향에 음악을 맞추지 않았다. 그 대신 자신의 목소리를 담은 혁신적인 음악을 대중에게 '강요'했다. 〈라주모프스키〉를 구상할 무렵 베토벤은 "세상의 그 무엇이 음악으로 영혼을 표현하는 것을 막을 수 있겠느냐"라며 작곡 스케치북에 짧은 질문을 써넣어 자신의 심정을 드러냈다. 그를 막을 자는 아무도 없었다. 〈라주모프스키〉는 그가 던진 질문에 대한 스스로의 답변이자 현악 4중주를 진지한 음악으로 격상시킨 기념비적인 작품이다. 또한 베토벤의 전기 작가 솔로몬Maynard Solomon의 말대로 18세기 전통의 한계를 넘어선 "교향악적 4중주곡"이다.

이 세 곡의 놀라운 〈라주모프스키〉는 단시간 내에 완성되었다. 1806년 7월 5일에 Op. 59 가운데 1번을 먼저 완성한 베토벤은 두

달 사이에 나머지 두 곡도 완성했다. 그해 9월 3일에 그가 출판업자에게 보낸 편지를 보면 당시에 이미 〈라주모프스키〉의 전 세 곡이 모두 완성되었음을 알 수 있다. 1807년 2월에 이 작품의 초연이 이루어졌다. 라주모프스키 백작의 저택이 완공되지 않은 상태였기에 빈의 다른 장소에서 슈판치히 4중주단의 연주로 첫선을 보였다. 초연 무대에서 새로운 스타일의 현악 4중주곡을 들은 청중들은 당혹감을 감추지 못했다. 베토벤의 제자 체르니에 따르면, 슈판치히가 〈라주모프스키〉의 첫 곡인 F장조를 연주하자 사람들은 베토벤이 농담을 하는 거라고 생각하여 웃기 시작했다고 한다. 분명한 것은 사람들이 기대하던 4중주곡은 아니었다는 사실이다. 음악가들 역시 이 곡을 이해하지 못했다. 한 바이올리니스트가 베토벤에게 "당신은 이 작품에 별로 신경을 안 쓴 게 분명한 것 같군요"라고 이야기하자, 그는 "이건 당신을 위한 곡이 아니라 미래의 청중을 위한 곡이오"라고 답했다. 또 초연 당시 연주를 맡은 한 사람이 악보가 너무 어렵다고 불평하자 베토벤은 "내가 영감을 받아 작곡을 할 때, 그 삐삐거리는 작은 깡깡이 따위를 신경이나 쓰는 줄 아시오?"라며 화를 냈다고 한다.

베토벤은 〈라주모프스키〉의 세 곡을 미래의 청중을 위한 작품이라고 말했지만, 이 작품은 오늘날의 청중에게도 결코 쉬운 곡은 아니다. Op. 59의 1번인 F장조의 1악장은 400마디에 이르는 어마어마한 길이의 음악이고, 2악장 스케르초는 스타카토로 연주되는 신비로운 리듬이 강박적으로 반복되는 기묘한 곡이며, 3악장 아다지오는 탄식하는 듯한 선율과 느리고 장중한 느낌의 심오한 작품이

라주모프스키궁전의 내부

에카테리나 2세의 명으로 유럽 곳곳에 머물던 라주모프스키 백작은 1792년 빈에 주재하게 되면서 베토벤의 후원자인 리히노프스키 백작을 통해 베토벤을 만났다. 열렬한 음악 애호가였던 그는 러시아로 돌아가기 전까지 베토벤을 후원했다.

〈현악 4중주 7번
F장조 라주모프스키〉

다. 4악장에는 이 작품의 의뢰인인 라주모프스키 백작을 배려한 듯 러시아 민요 선율이 주제로 사용되어 친근감을 주지만, 이 악장 역시 쉽게 이해할 수 있는 간단한 음악이 아니다. 무엇보다도 이 곡에서는 1악장 도입부의 주제를 가장 낮은 음역의 첼로가 연주하는 사이 제2바이올린과 비올라가 8분음표의 반주 음형을 더 높은 음역에서 연주하는 것이 특이하다. 이는 고전파음악에서는 드문 일이었기 때문에 당대 청중에게 이상한 느낌을 주었을 것이다.

Op. 59의 2번 e단조 역시 길이나 구성 면에서 만만치 않다. 연주 효과가 그리 뛰어나지 않기 때문에 자주 연주되는 편은 아니다. 그러나 서정적인 표현이 매우 탁월해 다른 4중주곡에 비해 음악적으로 전혀 뒤지지 않으며 느린 아다지오 악장의 고요한 아름다움은 특별하다. 3악장의 중간 부분에서 베토벤은 다시금 러시아 민요의 선율을 인용해 이 작품을 의뢰한 라주모프스키 백작에게 경의를 표했다. 그가 사용한 민요는 러시아의 애국적인 송가로, 무소륵스키 Modest Petrovich Musorgskii가 오페라 〈보리스 고두노프〉에서 사용한 선율이기도 하다.

Op. 59의 3번 C장조는 〈라주모프스키〉 전곡 가운데 연주 효과가 가장 뛰어난 작품일 것이다. 특히 마지막 4악장은 전곡 가운데 예술적으로도 기교적으로도 가장 뛰어난 음악으로 평가되고 있다. 베토벤은 이 악장에서 모차르트가 〈교향곡 41번 C장조 주피터〉(K. 551)의 마지막 악장에 사용했던 화려한 푸가의 기법을 좀 더 밀도 있게 재현해내며 청중을 사로잡는다. 처음에 비올라에 의해 제시되는 주제 선율은 제2바이올린과 첼로, 제1바이올린에 의해 차례로 모방되며 긴장감을 쌓아간다. 이 곡에서 푸가의 기법은 단순히 장식적인 차원을 넘어 모든 성부에 원동력을 주는 근원적인 에너지로 작용하고 있다.

내 삶을 구원한 것은
음악뿐이었다

빈을 떠날 결심을 하다

내가 머문 호텔의 커튼을 열면 베토벤의 교향곡 〈영웅〉과 〈운명〉과 〈전원〉이 초연된 안 데어 빈 극장이 바로 보인다. 숙소를 예약할 때만 하더라도 이 극장이 바로 옆에 있는 줄 몰랐던 터라, 이런 특별한 방에 머무르게 되었다는 사실이 감격스럽기까지 했다. 안 데어 빈 극장에서는 베토벤의 교향곡뿐만 아니라 격정적인 성격의 바이올린소나타 〈크로이처〉가 연주되었고, 오페라 〈피델리오〉도 초연되었다. 이곳에서 열린 베토벤의 공연 중에서도 1808년의 음악회는 특히 기억할 만한 무대였다. 1808년 12월 22일, 지독히도 추웠던 그날 안 데어 빈 극장에서 매우 긴 시간 동안 베토벤의 음악회 무대가 펼쳐졌다. 저녁 6시 30분에 시작된 음악회가 10시 30분까지 이어졌으니 '마라톤 연주회'라고 할 만하다. 장장 네 시간 동안이나 계속된 이 음악회에 〈전원〉과 〈운명〉뿐만 아니라 〈피아노협주곡 4번 G장조〉와 연주회용 아리아 〈소프라노를 위한 아리아 아, 배신자여!〉 그리고 〈장엄미사〉의 '글로리아'와 '상투스'가 프로그램에 올랐다. 여기에 더해 베토벤은 음악회를 웅장하게 마무리할 〈피아노·합창·관현악을 위한 합창 환상곡 c단조〉(Op. 80)를 급히 작곡하는데, 이 곡은 마치 〈교향곡 9번 d단조 합창〉(Op. 125)을 예견하는 듯하다.

〈합창 환상곡〉은 피아노와 오케스트라 그리고 혼성 4부 합창단이 함께 연주하는 곡으로, 악기 편성이 독특하며 후반부 변주곡의 주제로 사용된 선율은 〈합창〉의 '환희의 송가'와 매우 유사하다. 이 작품의 가사를 체르니가 썼다는 설도 있고, 궁정 관리인인 쿠프너 Christopher Kuffner가 썼다는 이야기도 있다. 독일의 피아니스트 노테봄 Gustav Nottebohm은 〈피델리오〉의 최종 대본을 쓴 트라이추케라고 주장했다. 합창을 처리하는 방식은 교향곡 〈합창〉에 비해 다소 가벼운 편이지만 간혹 베토벤다운 압도적인 울림을 만들어내며 듣는 이를 사로잡는다. 특히 "사랑과 힘이 손잡을 때 신의 은총이 인간들 위에 내린다 Wenn sich Lieb und Kraft vermählen, lohnt den Menschen Göttergunst"라는 마지막 구절의 합창은 매우 감동적이다. 그러나 지나치게 야심 가득한 베토벤 음악회의 마지막 곡으로 선정된 〈합창 환상곡〉 연주는 엉망으로 끝이 나버렸다. 그날의 역사적인 연주회를 지켜본 독일의 작곡가 라이하르트 Johann Friedrich Reichardt는 지인에게 보낸 12월 25일 자 편지에 다음과 같이 썼다.

마지막으로 또 다른 환상곡(합창 환상곡)이 연주되었는데, 이번에는 관현악단이 연주에 동참하고 마지막에 가서는 합창까지 등장했습니다. 그러나 이런 기이한 혼합으로 연주는 크게 실패했습니다. 관현

안 데어 빈 극장 내부

1801년에 문을 연 유서 깊은 곳으로, 베토벤의 유명한 교향곡 〈영웅〉 〈운명〉 〈전원〉이 이곳에서 초연되었다. 이 중 대중적으로 너무나 잘 알려진 〈운명〉은 스케치에서부터 작곡까지 약 4년이 걸렸다. 비평가들은 이 작품이 운명을 극복하는 인간의 환희를 담고 있다고 보았다.

교향곡 5번 〈운명〉

악단의 연주는 완전히 엉망이 되었고 베토벤은 예술가로서의 열정
으로 인해 청중과 주위 사람들은 전혀 생각지 못한 채 연주를 멈추
고 다시 시작하라고 소리쳤습니다. 나를 비롯한 베토벤의 친구들이
얼마나 괴로웠을지 상상할 수 있을 것입니다. 그때 나는 빨리 그곳을
떠날 수 있는 마차가 있었으면 하고 어찌나 바랐는지 모릅니다.

음악회 말미를 화려하게 장식할 수도 있던 〈합창 환상곡〉의 연주
가 엉망이 되는 바람에 베토벤이 야심만만하게 준비한 마라톤 음악
회는 결국 오점을 남긴 채 끝나고 말았다. 하지만 이렇게 긴 음악회
가 성황리에 열렸다는 사실만으로도 당시 빈에서 그의 인기가 어느
정도였는지 짐작할 수 있다.

그러나 베토벤은 이 음악회를 끝으로 한동안 빈을 떠나려고 결심
했던 것으로 보인다. 빈의 궁정에서 안정적인 자리를 얻을 수 있는
기회는 보이지 않고, 새로운 곡을 의뢰받을 여지도 없어 보였기 때
문이다. 그는 1809년 1월 7일 한 출판사에 보낸 편지에 "갖가지 음
모와 권모술수를 쓰는 패거리들이 이 땅을 떠나도록 부추기고 있
다"라고 말하면서 "베스트팔렌 왕이 나를 카펠마이스터로 초청한
다는 제안을 받아들일 생각"이라는 뜻을 밝혔다. 음악회가 열리기
몇 주 전에 베토벤은 카셀 궁으로부터 카펠마이스터로 와달라는 제
안을 받았고, 이를 수락할 생각이었다. 카셀은 베스트팔렌 왕국의
수도로, 궁정에는 훌륭한 오케스트라가 있었다.

하지만 베토벤은 카셀로 가지 못했다. 그의 음악을 사랑한 세 명
의 후원자, 루돌프 대공과 킨스키Ferdinand von Kinsky 공작과 로브코비

츠 공작이 그를 빈에 머물게 하기 위해 충분한 연금을 지급하기로 합의했던 것이다. 특히 루돌프 대공이 적극적이었다. 세 사람은 베토벤에게 연금을 지급한다는 약정서를 건넸고, 이 서류는 1809년 3월 1일에 서명되었다. 이 약정서에 따르면, 킨스키 공작이 1,800플로린, 루돌프 대공이 1,500플로린, 로브코비츠 공작이 700플로린을 베토벤에게 지급하기로 했다. 이로써 베토벤은 연간 총 4,000플로린이라는 어마어마한 액수의 연금을 받게 되었다. 약정서에는 베토벤이 이 액수에 상응하는 보수가 지급되는 직책을 얻을 때까지 세 귀족들이 연금을 계속 지급한다는 조건이 덧붙었다. 그가 일정 시간 이상 빈을 벗어날 수 없다는 것과 함께 만일 그럴 필요가 있을 시 후원자들과 논의하여 동의를 얻어야 한다는 내용도 적혀 있었다. 그는 이제 경제적 어려움 없이 창작 활동에 집중할 수 있을 것이라고 생각했지만 1812년 후반 무렵부터 상황이 달라졌다. 그해 11월에 킨스키 공작이 승마 사고로 세상을 떠나고, 로브코비츠 공작은 파산하여 그의 연금 지불 계좌가 동결되었다. 결과적으로 베토벤에게 연금을 지급하겠다는 약속을 계속 지킨 이는 루돌프 대공뿐이었다. 연금 액수가 줄어들면서 경제적인 위기에 직면한 순간에도 베토벤은 창작 활동에 몰입하며 다시 한번 역경을 헤쳐나갔다.

영웅주의의 절정과 그 이후의 변화

앞서 이야기했듯이, 베토벤은 드라마틱 소나타 시기에 〈영웅〉

〈운명〉〈라주모프스키〉〈발트슈타인〉〈열정〉등 역동적이고 드라마틱한 영웅적인 스타일의 작품들을 내놓았다. 그리고 그의 이런 작품 스타일은 후원자들의 만류로 계속 빈에 마무르게 된 1809년에도 어느 정도 일관되게 유지되었다. 그해에 베토벤은 웅장한 성격의 〈황제〉를 작곡하기 시작했고, 〈현악 4중주 10번 E플랫장조 하프〉(Op. 74)와 〈피아노소나타 26번 E플랫장조 고별〉(Op. 81a) 등 걸작들을 계속 작곡하며 지칠 줄 모르는 창작욕을 과시했다. 그러나 1810년부터 그는 차츰 작곡의 속도를 늦춰갔고 1812년에는 상반된 성격의 작품을 내놓았다. 연금 액수가 줄어들고 서서히 경제적인 위기에 봉착해가던 1812년은 그의 음악 스타일이 변해가던 전환기였다. 베토벤은 4년간의 교향곡 공백기를 깨고, 그의 가장 리드미컬한 교향곡으로 꼽히는 〈교향곡 7번 A장조〉를 통해 다시금 강렬하고 추진력 있는 음악을 선보였다. 그리고 곧바로 이 곡과는 대조적인, 고전적이고 풍자적인 성격의 〈교향곡 8번 F장조〉(Op. 93)를 내놓았다. 상반된 성격의 이 두 교향곡은 베토벤이 이전까지 선보였던 강렬하고 드라마틱한 음악과, 앞으로 선보이게 될 좀 더 온화한 성격의 작품 간의 갈림길을 예고한다.

베토벤의 영웅적이고 역동적인 음악 스타일의 절정을 보여주는 교향곡 7번은 1813년 12월 8일 빈 대학 강당에서 초연되었다. 당시 청중들은 이날 연주된 곡 가운데 '전쟁 교향곡' 혹은 '빅토리아 전투 교향곡'으로도 불리는 〈웰링턴의 승리〉(Op. 91)에 더욱 열광했지만, 교향곡 7번 2악장도 관객들의 큰 호응을 얻어 한 번 더 연주되었다. 그와 함께 베토벤이 선보인 열정적인 지휘 역시 화제를 모았다.

Andante dela Symphonie en la.
1840.

외젠 라미, 〈교향곡 7번의 초연을 듣는 청중들〉(1840)

일찍이 베토벤은 "나는 인류를 위해 좋은 술을 빚는 바쿠스이며, 그렇게 빚
은 술로 사람들을 취하게 한다"라고 말한 적이 있다. 그의 말과 가장 잘 어울
리는 작품을 꼽으라면 교향곡 7번일 것이다. 강박적인 리듬의 반복을 통해
극적인 긴장감을 만들어내는 이 곡을 듣고 있노라면 내 안에 잠재된 리듬감
이 되살아나는 듯하다. 아마 당시 빈 청중들도 나와 같은 기분을 느끼지 않
았을까.

〈교향곡 7번
A장조〉의 2악장

기록에 따르면 베토벤은 악센트가 나올 때는 팔을 잡아채듯 흔들었으며, 여린 부분에서는 몸을 낮게 구부렸고, 원하는 여린 소리가 나올 때까지 더 낮게 구부리는 등 온몸으로 지휘했다. 하지만 귀가 거의 들리지 않았던 그였으니 여리게 연주되는 부분에서는 오케스트라의 음악을 듣지 못했을 것이다. 그는 큰 소리로 연주하는 포르테forte 부분에서 공중으로 껑충 뛰어오르며 날아오를 듯한 지휘 동작을 선보였지만, 불행히도 그 지점은 오케스트라가 매우 작고 여리게 연주하는 피아니시모pianissimo 부분이었다. 베토벤은 악곡의 강약 변화를 감지하지 못하는 상태였기 때문에 실수를 피할 수 없었다. 그럼에도 그날의 공연을 매우 성공적으로 끝내면서, 빈에서 자신의 명성과 인기가 얼마나 확고한지를 다시 한번 입증했다.

〈교향곡 7번 A장조〉의 2악장은 영화 삽입곡으로도 많이 쓰여 우리에게 익숙한 곡이다. 영국의 배우 콜린 퍼스가 주연을 맡은 영화 〈킹스 스피치〉에서 말을 더듬던 조지 6세가 이 교향곡에 맞추어 멋진 라디오 연설을 하는 장면은 길이 기억될만한 명장면이다. 영화 속에서 조지 6세의 성공적인 연설을 위해, 언어치료사 라이오넬 로그는 끊임없이 왕에게 용기를 주며 연설을 지휘한다.

교향곡 7번을 기점으로 베토벤의 음악은 서서히 변화해갔다. 고전주의 음악의 풍자라고 해도 좋을 만큼 독특한 성격을 지닌 교향곡 8번에 이어 1814년에 발표한 〈피아노 3중주 7번 B플랫장조 대공〉(Op. 97), 1815년에 작곡한 첼로소나타 4번과 5번 등 1810년대 중반의 작품들은 베토벤 음악의 새로운 시대를 예고하고 있었다.

1814년 4월 11일에 〈대공〉이 빈에서 초연될 당시, 베토벤은 바이올리니스트 슈판치히와 첼리스트 린케Joseph Linke와 함께 한 무대에서 이 곡의 피아노 파트를 연주했다. 베토벤이 실내악곡의 피아니스트로서 선보인 마지막 무대였다. 당시 그는 청력 이상이 심각한 수준에 이르고 있었음에도 피아노를 연주했는데, 그 때문에 자신의 기량을 충분히 발휘하지는 못했다. 하지만 그날의 초연 이후 〈대공〉은 뛰어난 예술성으로 인해 베토벤의 실내악곡 가운데 널리 사랑받게 되었다.

베토벤의 후원자이자 유능한 피아니스트였던 루돌프 대공에게 헌정된 까닭에 '대공'이라는 부제가 붙은 이 작품은 이름 그대로 귀족적인 분위기가 흐르는 실내악곡이다. 이 작품을 헌정받은 루돌프 대공은 베토벤의 후원자들 가운데 가장 충실하고 너그러우며 재능이 뛰어난 인물이었다. 신성로마제국의 황제 레오폴트 2세의 막내아들이자 프란츠 2세의 동생인 그는 병약한 탓에 군인이 되기를 포기하고, 사제 서품을 받은 후 나중에 추기경의 자리에 올랐다. 루돌프 대공은 베토벤에게서 오랫동안 피아노와 작곡, 음악 이론을 배워 피아니스트로 활동하기도 했다. 그가 언제부터 베토벤에게 피아노 레슨을 받았는지는 확실하지 않지만, 대개 1803년과 1804년 겨울부터 시작하여 1824년까지 이어졌다. 베토벤은 이 레슨이 작곡 활동에 방해된다고 투덜대기도 했지만, 자신의 가장 충실한 후원자인 루돌프 대공에게 무려 열네 곡의 작품들을 바쳐 감사를 표했다. 헌정된 작품 목록을 보면 명곡들이 많은데, 그중에는 〈황제〉〈피아노소나타 29번 B플랫장조 함머클라비어〉(Op. 106) 〈장엄미사〉〈현악 4중주 13번 B플랫장조 대푸가〉(Op. 133) 같은 대작들이 포함되어

루돌프 대공

레오폴트 2세의 막내아들인 루돌프 대공은 신분을 뛰어넘어 베토벤과 돈독한 우정을 이어나갔다. 베토벤은 그런 그에게 감사한 마음을 담아 〈대공〉을 비롯하여 피아노협주곡 〈황제〉, 피아노소나타 〈함머클라비어〉, 〈장엄미사〉 현악 4중주 〈대푸가〉 같은 대작들을 헌정했다. 이 작품들은 베토벤의 음악 세계가 완숙 단계에 이르렀을 때 쓰인 곡들로, 장엄한 규모와 풍성한 악상이 돋보인다.

피아노 3중주
7번 〈대공〉

있으니 베토벤이 루돌프 대공을 얼마만큼 특별하게 생각했는지 짐작할 수 있다.

　루돌프 대공에게 헌정된 〈대공〉은 베토벤의 작품 가운데 최고 걸작 중 하나로 손꼽히며, 피아노와 바이올린과 첼로를 위한 곡 가운데에서는 마지막 음악이다. 이 곡은 루돌프 대공의 연주를 염두에 두고 작곡된 귀족적인 작품이면서도 베토벤의 실내악곡 가운데 최초로 공공 연주회장에서 선보인 대중적인 작품이다. 당대 실내악곡은 대개 귀족의 궁정에서 아마추어 귀족 음악가들의 연주로 소수의 청중을 위해 연주되었지만, 〈대공〉은 전문 연주가들의 연주로 대중을 위한 공연장에서 초연되었다. 이 곡은 베토벤의 영웅적인 음악 양식이 퇴보하고, 명상적이며 절제된 후기 양식이 열리는 전환기의 작품이기도 해서 관심을 끈다. 〈대공〉이 당대 귀족들과 대중들뿐 아니라 오늘날 클래식 전문가나 음악 애호가들의 깊은 사랑을 받는 것은 아마도 이 곡에 담긴 이중적이고 전환기적인 성격 때문인지 모른다. 귀족적이고 절제된 기품이 흐르면서도 새롭게 떠오르는 중산층의 취향을 고려한 〈대공〉은 당대 사회와 베토벤 자신의 변화를 담아내고 있기에 더욱 특별하다.

　베토벤이 〈대공〉의 작곡에 착수할 무렵인 1811년은 급격한 사회적 변화가 일어나던 시기였다. 한 시대의 영웅이었던 나폴레옹의 위세가 급격히 수그러들고, 베토벤을 후원하던 빈 귀족 사회 역시 무너져가고 있었다. 영웅과 귀족의 시대는 가고 그 빈자리를 중산층 부르주아들이 채우기 시작했다. 이런 사회 분위기 속에서 베토벤이 〈영웅〉이나 〈운명〉에서 보여주었던 영웅적인 음악 스타일을 견지하기 어려웠으리라. 그는 여태껏 고집하던 남성적이고 외향적이며 영웅적인 스타일 대신 따스하면서도 감성적인 스타일을 시도하며 새로운 음악을 원하는 대중에게 호소력 있게 다가갔다. 이 작품에서 주제 선율은 충분히 노래되고 절제된 페이스를 유지하며 리듬은 춤곡처럼 경쾌하다.

〈대공〉은 모두 4악장으로 이루어졌다. 전 악장 가운데 가장 귀족적인 느낌이 강한 1악장은 자비롭고 부드러운 분위기로 가득하다. 거의 모든 주제들이 처음에는 부드럽고 조용하게 제시되며, 주제 자체에 노래하는 특성이 강조되어 있다. 베토벤은 이 곡에서도 특유의 추진력 있는 발전 기법을 구사하며 처음에 제시한 주제들을 큰 소리로 거칠게 나타내기도 하지만, 그럼에도 불구하고 1악장 도입부의 고상한 분위기가 곡 전체를 주도한다. 전통적인 고전주의 음악 작품에서 2악장은 대개 느리고 서정적인 반면, 3악장은 우아한 미뉴에트이거나 재빠른 스케르초로 되어 있다. 하지만 베토벤은 〈대공〉에서 그 순서를 바꾸어 고상한 1악장에 이어 유쾌하고 풍자적인 2악장 스케르초를 배치해 참신한 느낌을 준다. 그의 스케르초 악장은 대개 과격한 경우가 많지만 〈대공〉 2악장에서는 그보다는 재치와 발랄함이 느껴지며, 반음계적으로 구불거리는 선율이 서로 모방되는 중간 부분에서는 신비로운 느낌도 전해진다. 찬송가풍의 음악으로 시작되는 느린 3악장은 주제와 다섯 개의 변주곡으로 구성된다. 명상적인 음악이 점차 빠른 리듬 패턴으로 장식되며 변주되는 과정을 지켜보는 것은 매우 흥미롭다. 다섯 가지 변주에 이어지는 종결부는 곧바로 마지막 4악장에 연결되어 분위기를 급격히 반전시킨다. 4악장으로의 진입은 피아노의 다소 무례한 연주로 시작되는데, 초연 당시에 베토벤은 이 부분에서 현란한 즉흥연주를 시도했다고 한다. 엄숙하고 명상적인 3악장으로부터 즐겁고 재치 있는 4악장으로 변모하면 베토벤다운 위트와 화려함을 담은 음악이 우리 귀를 즐겁게 한다.

모든 인간은 한 형제가 되리

말년의 베토벤은 1821년부터 1823년까지 매해 여름을 빈 근교의 바덴에서 보냈다. 빈에서 트램으로 한 시간가량 걸리는 바덴은 한눈에 보아도 전형적인 휴양지의 분위기가 물씬 풍겼다. 잘 정돈된 시가지에 예쁜 가게들이 들어서 있고, 공기는 맑고 깨끗했으며, 사람들의 얼굴에서는 여유로움이 묻어났다. 1803년 프란츠 2세의 명에 따라 온천 휴양지로 개발된 바덴 시내는 여러 상점과 커피 하우스와 오락거리가 있는 곳이며, 시내를 조금만 벗어나면 아름다운 풍광을 즐길 수 있는 쾌적한 산책로가 있어서 여름휴가를 보내기에는 더할 나위 없이 좋은 곳이다. 베토벤은 바덴을 열일곱 번이나 방문했는데, 특히 도심을 둘러싼 시골길 산책을 좋아했다고 한다.

바덴에서 베토벤의 마지막 교향곡 〈합창〉이 탄생했다. 이곳에서 세 번의 여름을 보낸 후, 그의 나이 쉰세 살 때인 1824년 2월에 말이다. 그가 〈합창〉을 작곡한 집을 찾아 발걸음을 빠르게 옮겼다. 집 유리창에 〈합창〉의 4악장 1절 가사인 '환희여, 아름다운 신들의 빛, 낙

원의 딸이여 Freude, schöner Götterfunken, Tochter aus Elysium'로 시작하는 실러의 「환희에 부쳐」가 쓰인 것을 보고 무척 반가웠다. 설레는 마음을 안고 집 안으로 들어가보니, 한 방에서 〈합창〉의 자필 악보가 화면에 흐르면서 이 교향곡의 실황 공연 영상이 함께 재생되고 있었다. 또 다른 방으로 가는 복도에는 베토벤이 청력을 잃어가는 과정을 체험해볼 수 있는 코너가 보였다. 똑같은 수화기들이 여러 개 걸려 있고, 각각의 수화기마다 연도가 표시되어 있는데, 같은 음악의 소리가 해가 갈수록 점점 작아진다. 그가 이 집에 살면서 잘 들리지 않는 고통 속에서 얼마나 답답했을지 짐작이 갔다. 책에 따라서는 베토벤이 1818년 이후 청력을 완전히 상실했다는 주장도 있고, 세상을 떠나기 2년 전에 완전히 상실했다는 주장도 있는데, 어느 것이 사실이든 바덴에 머물렀던 1820년대 초반 무렵에 그가 소리를 거의 들을 수 없었다는 것은 확실하다.

베토벤의 청력 악화가 극한에 이른 1820년대 전반기의 여름, 침묵 속에서 자신이 그려 넣은 음표들을 보며 마음속으로 악상을 그렸을 그를 상상하며 〈합창〉의 선율을 떠올려본다. 이 교향곡은 4악장에 등장하는 유명한 '환희의 송가' 멜로디뿐만 아니라 1악장 도입부의 신비로운 분위기, 팀파니의 활기찬 연주가 돋보이는 2악장의 리듬,

---

휴양도시 바덴

정식 명칭은 바덴 바이 빈Baden bei Wien이지만 줄여서 바덴이라고도 부른다. 이곳은 빈에서 남쪽으로 약 30킬로미터 떨어져 있으며, 트램을 타면 1시간 정도 소요된다. 온천이 있어 오래전부터 휴양지로 각광받아왔다.

온화하고 따스한 분위기가 감도는 3악장의 선율이 모두 매우 특별한 감동을 전해주는 곡이다. 베토벤이 〈합창〉을 완성한 것은 1824년이었지만, 이미 1812년경부터 이 곡을 구상했다고 한다. 당시 그는 〈합창〉의 가사로 사용된 「환희에 부쳐」의 작가 실러의 시에 영감을 받은 '실러 서곡'을 구상하고 있었고, 후에 교향곡 9번의 모태가 되는 d단조의 교향곡 작업을 염두에 두고 있었다. 게다가 베토벤이 처음으로 실러의 「환희에 부쳐」에 곡을 붙이려 생각한 것은 빈으로 가기 전부터였으니, 그때부터 교향곡 9번이 잉태된 것으로 본다면 그는 이 곡 구상에 30년 이상을 바친 셈이다.

이처럼 오랜 세월 동안 숙성되어 완성된 〈합창〉은 여러 가지 측면에서 전통의 틀을 벗어난 새로운 음악이다. 이 작품은 본래 기악 형식인 교향곡에 사람의 목소리를 도입했다는 것도 혁신적이지만, 마지막 4악장이 전통적인 음악 형식으로는 설명하기 어려운 복잡한 형식을 취하고 있는 것 역시 베토벤 이전의 교향곡에서는 찾아보기 힘든 점이다. 흥미롭게도 베토벤은 4악장에서 실러의 「환희에 부쳐」를 가사로 활용한 노래가 본격적으로 시작되기 전에, 자신이 직접 쓴 가사를 삽입하여 이 교향곡에 매우 논리적인 흐름을 만들어낸다.

4악장 도입부는 유난히 시끄러운 소리로 시작한다. 오케스트라가 요란한 팡파르풍의 음악을 연주하면 첼로와 더블베이스가 마치 시끄러운 음악을 비판하고 항의하듯 거센 어조로 연주를 이어나간다. 이 멜로디는 후에 나타날 '오, 친구여! 이런 음악이 아닙니다! 더 즐겁고 환희에 찬 음악을 노래합시다! O, Freunde, nicht diese Töne!

바덴 베토벤하우스의 내부

바덴의 베토벤하우스에는 베토벤 말년의 자취가 남아 있다. 2층으로 이루어진 이 작은 집에 베토벤과 관련된 몇 가지 자료와 악기들이 전시되어 있고, 관람객들을 위해 베토벤 음악이 흘러나온다. 한쪽 방에는 그의 책상이 전시되어 있는데, 그가 이곳에 앉아 교향곡 〈합창〉을 썼을 생각을 하니 만감이 교차했다.

Sondern lasst uns angenehmere anstimmen, Und freudenvollere!'라는 내용의 레치타티보(recitativo, 말하듯이 노래하는 창법)에 해당하는 선율인데, 바로 이것이 베토벤이 쓴 창작 가사다. 그가 이런 가사를 덧붙인 의도는 분명하다. 인류를 끌어안는 형제애를 담은 실러의 시와 자신의 '환희의 송가' 멜로디를 더욱 돋보이게 하기 위해, '환희의 송가' 주제가 나오기 전에 일부러 이런 시끄러운 음악을 비판하는 말을 덧붙인 것이다.

베토벤은 여기서 한 발 더 나아갔다. 오케스트라가 시끄러운 음악을 멈추고 앞선 1, 2, 3악장의 선율들을 연주할 때마다 그 선율을 하나씩 부정한다. 첼로와 더블베이스는 마치 "더 새롭고 좋은 노래가 없느냐?"고 반문하듯 오케스트라의 연주를 계속 비판한다. 지극히 논리적인 전개 방식이다. 베토벤은 그저 4악장 처음부터 '환희의 송가' 선율을 제시하지 않고 앞서 연주된 1, 2, 3악장과 시끄러운 팡파르를 비판하면서 '이보다 더 좋은 노래를 부르자'는 가사와 선율을 추가해 '환희의 송가'를 정당화하는 논리적인 과정을 거친다. 그 덕분에 '환희의 송가'의 단순한 선율은 더욱 강한 설득력을 지니며 강조된다.

4악장에서는 '신비로운 그대의 힘은 가혹한 관습이 갈라놓은 것들을 결합시키고, 당신의 아늑한 날개가 있는 곳에서 모든 인간은 한 형제가 되리Deine Zauber binden wieder, Was die Mode streng geteilt; Alle Menschen werden Brüder, Wo dein sanfter Flügel weilt'라는 가사와 선율이 반복되는데, 반복될수록 더욱 강한 힘으로 우리를 사로잡는다. 단순하지만 강력한 반복의 최면 효과로 연주회에서 이 부분이 나올 때마다 따라 부르지 않을 수 없게 된다. 그 결과 '모든 인간은 한 형제'라는 인류 화합의 메시지는 우리 가슴에 더욱 강하게 각인된다.

〈합창〉은 케른트너토어극장에서 초연되었는데, 그 과정이 순탄하지만은 않았다. 베토벤이 이 극장에서 합창과 오케스트라가 함께 연주하는 새로운 교향곡을 발표할 예정이라는 소식이 퍼졌을 때부터 이 작품은 무성한 소문과 갖가지 추측을 불러일으켰다. 또한 장소 선정과 입장료 문제 등으로 인해 음악회가 연기되는 우여곡절을 겪었다. 공연 연습 과정에서는 베토벤과 연주자들 간에 충돌이 계속되었다. 합창단원들은 합창 파트가 특히 어려워서 베토벤에게 쉽게 고쳐달라고 했지만, 그는 그들의 요구를 거절했다. 독창자들 역시 너무 높은 음역으로 인해 노래를 포기하는 바람에 중간에 교체되는 일도 있었다.

작품을 둘러싼 갖가지 소문이 무성했던 만큼, 〈합창〉이 무대에 오르자 많은 사람들이 극장을 찾았다. 빈의 음악 애호가들은 일찌감치 자리를 잡았고 입석까지 꽉 차서 극장은 미어터질 지경이었다고 한다. 베토벤이 10년 넘는 세월 동안 공공 연주회를 열지 않았기에 그의 신작 발표회를 향한 빈 시민들의 관심은 대단했다. 베토벤은 청력을 완전히 잃은 상태였기에 〈합창〉의 지휘를 할 수 없었다. 그는 지휘자 옆에 자리를 잡고 악보를 보며 연주가 제대로 진행될 수 있도록 중요한 부분에서 지시를 내렸는데, 간혹 엉뚱한 부분에서 손을 흔들었다고 한다. 그는 연주가 모두 끝난 후에도 청중의 박수와 환호 소리를 듣지 못했다. 인류를 하나 되게 하는 이 위대한 교향곡을 쓰고도 정작 그 자신은 음악을 듣지 못했던 것이다.

〈합창〉은 유명세만큼이나 곡절이 많은 작품이다. 여러 가지 극

베토벤의 마지막 교향곡 〈합창〉

〈합창〉은 교향곡에 성악을 도입한 독특한 형식의 작품으로, 1824년에 빈의 케른트너토어극장에서 초연되었다. 평화와 인류애 같은 보편적인 가치가 담긴 이 곡은 지금도 전 세계에서 자주 연주되는 베토벤의 음악 중 하나다. 아래 사진은 2014년 카네기홀에서 프란츠 벨저 뫼스트의 지휘하에 빈 필하모닉 오케스트라가 이 곡을 연주하는 장면이다.

교향곡 9번 〈합창〉의
4악장 '환희의 송가'

가적인 행사에 동원되면서 상업화와 통속화의 과정을 겪기도 했다. 1936년에 독일의 베를린에서 올림픽 경기가 개최될 당시 '환희의 송가'가 연주된 것만 보더라도 그렇다. 독일 정부는 6,000여 명의 베를린의 중고등학생들을 동원하여 감동적인 무대를 선보였는데, 이에 감격한 국제올림픽위원회위원장은 독일 국민과 히틀러에게 감사를 표하기까지 했다. 하지만 몇 년 지나지 않아 히틀러와 나치당은 침략 전쟁으로 본색을 드러냈다. 수많은 유대인들을 학살한 나치가 베토벤의 음악을 이용해 '인류는 한 형제'라는 메시지를 전하며 자신들의 만행을 덮어버리고 평화의 정당임을 주장한 것이다. 〈합창〉이 선전 도구로 이용되었다는 사실을 베토벤이 알았더라면 격노했을지도 모른다.

희극은 끝이 났다

바덴 베토벤하우스의 또 다른 방에는 식탁이 하나 놓여 있다. 좌석마다 이곳을 방문했던 손님들의 이름과 그들을 상징하는 물건들을 접시 위에 올려놓았는데, 권총이 놓인 접시에서 눈을 뗄 수 없었다. 권총 옆에는 카를Karl van Beethoven이라는 이름이 적혀 있었다. 그는 베토벤의 조카이자 양아들이다. 평생 독신으로 살았던 베토벤은 동생이 세상을 떠나자 제수의 행실과 성격을 비난하는 청원서를 지방법원에 제출하여 조카 카를에 대한 단독 후견권을 받아내는 데 성공한다. 그는 카를을 음악가로 만들려고 하고, 군인이 되고 싶은

바덴 베토벤하우스의 다이닝룸

베토벤 시대에 이곳을 찾았던 방문객들을 소개하는 짤막한 글과 함께 그들을 상징하는 물건이 놓여 있다. 부채, 안경, 권총 등 다양한 물건들에 얽힌 에피소드를 살펴볼 수 있어 흥미롭다. 아래 사진에는 쉰들러의 트레이드마크인 안경이 식탁 위에 놓여 있다. 베토벤의 마지막을 지켰던 사람들 중 하나인 그는 베토벤 유품 중 일부를 자기 집으로 가져가 다른 사람에게 팔거나 폐기해버린다. 그로 인해 베토벤의 대화 노트는 현재 3분의 1가량만 전해진다.

카를은 베토벤의 교육 방식을 견디기 힘들어한다.

조카만큼은 자신이 누리지 못한 고급 교육을 받게 하고 싶었던 베토벤은 과욕을 부렸다. 그는 귀족 자제나 상류 시민계급의 교육 프로그램을 참고하여 카를의 스케줄을 짰다. 마치 하나의 주제를 세심하게 발전시키는 소나타를 작곡하듯 카를의 교육에도 열의를 다했다. 그러나 카를을 교육하는 것은 음악을 작곡하는 일과는 전혀 달랐다. 모든 것이 그의 뜻대로 이루어지지 않았다. 베토벤이 그토록 힘썼음에도 카를의 성적은 그리 좋지 않았다. 카를은 "다시 한 번 간곡히 말씀드려요. 제발 나를 괴롭히지 마세요. 그러다가 삼촌이 후회하게 될 일이 생길지도 모릅니다. 참는 데도 한계가 있으니까요"라고 말할 정도로 베토벤의 교육 방식에 괴로워했다.

1821년 이후로 베토벤은 알코올에 기대기 시작하면서 술에 취할 때면 쉽게 흥분하고 화를 폭발시켰다. 이로 인해 주변 사람들과의 사이가 악화되어갔다. 게다가 음주로 인해 간과 췌장의 기능도 급격히 나빠졌다. 설상가상으로 1823년부터는 시력까지 저하되어 작곡을 하는 데에 더 큰 어려움을 겪었다. 병으로 노쇠해진 거장은 조카에게 모든 희망을 걸며 더욱더 집착했다. 카를이 내기 당구에서 몇 점을 얻었는지 알려고 했으며, 그가 무도회에 갈 때면 변장을 하고 무도회에 따라가겠다고 할 정도로 카를의 일거수일투족을 간섭했다. 결국 이런 상황을 견디지 못한 카를은 1826년 7월 30일에 바덴 근처에 있는 한 성의 폐허에서 권총으로 자살 기도를 했다. 총알이 빗나가면서 겨우 목숨을 구한 그는 베토벤이 아닌 어머니에게로 갔고, 이로 인해 두 사람 사이에서 벌어질 갈등을 피하기 위해 군에 입대해버렸다. 카를의 자살 기도 사건으로 베토벤은 하루아침에 폭삭 늙은 노인과 같은 외모로 변했고, 스케치하던 교향곡 10번의 작곡을 마무리할 수 없을 정도로 큰 충격을 받았다. 그는 음악가로서는 성공했을지 몰라도 아버지로서는 성공하지 못했다.

가정사로 인해 베토벤의 말년은 순탄하지 않았다. 그러나 그는 자신의 진정한 자식인 음악 작품 속에서 만큼은 모든 욕망을 내려놓고 달관한 인간의 명상적인 경지를 보여준다. 더구나 청력을 거의 상실한 말년의 그는 침묵 속에서 생활하면서도 내면의 귀로 놀라운 선율을 듣고 있었던 모양이다. 바덴에서 탄생한 〈현악 4중주 15번 a단조〉(Op. 132)를 비롯한 현악 4중주곡들과 후기 피아노소나타들은 베토벤이 이전에는 작곡한 적이 없던 새로운 음악 양식을 보여준다. 때때로 〈대푸가〉처럼 현대인이 듣기에도 상당히 앞서나간 난해한 작품들도 있지만, 〈현악 4중주 16번 F장조〉(Op. 135)처럼 고전적인 간결함을 보여주는 곡도 있다. 청력 상실로 인한 제약이 베토벤에게 새롭고 다양한 음악을 시도하는 것에 대한 두려움을 없애주었는지도 모른다.

한편 바덴의 베토벤하우스에는 그가 연도별로 어떤 질병을 앓았는지 보여주는 그림이 전시되어 있다. 이 그림에 의하면 베토벤은 청력 이상을 시작으로 1800년 치질, 1807년 두통으로 인한 발치, 1809년 만성 복통, 1821년 과도한 음주로 인한 신경계 손상, 간과 췌장의 고통과 황달, 류머티즘, 1823년 당뇨병으로 인한 눈의 이상 등 실로 갖가지 질병들로 평생을 괴로워했다. 특히 카를이 자살을 기도한 해인 1826년에 폐렴을 얻고 이듬해에 간경변까지 앓게 되

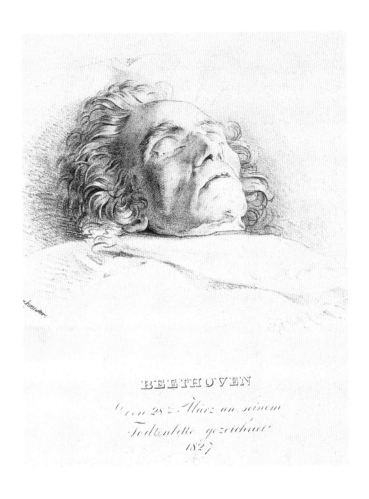

요제프 다운하저, 〈베토벤의 임종〉(1827)

1827년 3월 무렵부터 베토벤에게 죽음의 그림자가 드리워지기 시작했다. 결국 그는 병상에서 일어나지 못했고, 마지막 온 힘을 다해 허공을 향해 주먹을 흔들고는 세상을 떠났다. 가혹한 운명에 맞서 평생을 투쟁했던 그의 마지막 몸부림이 아니었을까.

프란츠 스토버, 〈베토벤의 장례식〉(1827)

기록에 따르면, 1827년 3월 29일에 거행된 베토벤의 장례식에서 체르니, 훔멜, 슈베르트 등 당대 최고의 음악가들이 만기를 들거나 운구를 했고, 무려 2만 명의 빈 시민들이 모여 그의 죽음을 애도했다고 한다.

면서 그는 하루하루 쇠약해져갔다. 카를이 군대에 입대할 무렵에는 상태가 급격히 악화되어 하루 종일 침대에 누워서 생활해야 할 정도가 되었다. 게다가 무려 네 차례의 복부 수술로 그는 기력이라고는 찾아볼 수 없는 상태였다.

그 무렵의 베토벤은 질병으로 인한 고통도 힘들었지만, 음악가로 그토록 주목받던 자신이 사람들로부터 잊히고 무시당한다는 생각에 더 고통스러웠던 모양이다. 그러나 고독하고 고통스러운 순간에도 그는 결코 자포자기하거나 상념에 젖어 있기만 한 것이 아니었다. 침상에 누워서도 그리스 고전과 영국의 소설가이자 시인인 스콧Walter Scott의 책을 읽으며 시간을 보내고 병문안을 하러 찾아오는 이들을 반갑게 맞이했다. 그러나 1827년 3월이 되자 베토벤은 수시로 의식을 잃거나 골골거리는 숨소리를 내고는 했다. 죽음은 더욱 가까워지고 있었다. 그의 조수 쉰들러는 베토벤의 마지막 순간에 대한 소중한 기록을 남겼다. 베토벤이 1827년 3월 24일에 작곡가 모셸레스Ignaz Moscheles에게 보낸 편지를 보면, 3월 23일에 그는 죽음이 매우 가까워졌음을 느꼈는지 쉰들러를 불러 마지막 말을 받아 적으라고 한다. 그는 라틴어로 "친구들이여, 박수를 쳐라. 희극은 끝났다!"라는 말을 남겼고, 그때 그의 곁에는 슈테판도 있었다고 한다. 이 말을 한 지 얼마 지나지 않아 의식을 잃은 베토벤은 그로부터 사흘이 지난 뒤 폭풍우가 몰아치던 1827년 3월 26일에 최후의 순간을 맞이했다. 그는 갑자기 눈을 뜨고 오른손을 들어 올려 운명에 저항하는 주먹을 휘둘렀고, 그날 오후 5시 45분에 끝내 숨을 거두었다.

베토벤의 마지막 현악 4중주

베토벤의 후기 현악 4중주곡 중에서 〈현악 4중주 16번 F장조〉는 수수께끼 같은 작품이다. 베토벤은 이 곡의 4악장에 '힘들게 내린 결심Der schwergefasste Entschluss'이라는 의미심장한 문구를 적어놓았다. 그리고 4악장이 시작하는 부분에 '그래야만 하는가? 그래야만 한다!Muss es sein? Es muss sein!'라는 문장과 그에 해당하는 음악적인 주제 선율을 써놓았다. 그가 이 문장을 악보에 쓴 이유에 대해서 확실하게 밝혀진 바는 없다. 어떤 사람들은 우스갯소리로, '그래야만 하는가?'라는 문장은 말년에 귀가 들리지 않았던 베토벤이 집주인으로부터 집세를 내라는 독촉을 받고 석판에 적은 글이라고 말하기도 한다. 또 어떤 사람은 이 곡을 완성하던 1826년에 일어난 조카의 자살 미수 사건과 점차 악화되어가는 건강에 대한 상실감이 관련되었다고 추측하기도 한다.

대개 베토벤의 후기 현악 4중주곡들이 악장 수도 많고 자유로운 형식을 취하는 것과 달리 이 곡은 전통적인 4악장 구성으로 되었을 뿐 아니라 고전적인 간결함을 보여준다는 점에서도 특별하다. 실험적인 작곡가가 말년에 이르러 오히려 고전적인 작품을 선보이는 경우가 있는데, 현악 4중주 16번이야말로 그러한 작품이라 하겠다. 이 곡은 연주 시간이 약 25분 정도로 길지 않은 데다가 소나타 형식과 3부 형식, 변주 형식 같은 전통적인 형식이 비교적 엄격하게 나타나는 작품이다.

1악장의 도입부를 들어보면 마치 베토벤의 초기 4중주곡 1악장이나 하이든 4중주곡의 빠른 악장처럼 시작한다. 비올라가 먼저 주제를 연주하면 바이올린이 화답하면서 제1주제가 대화식으로 이어진다. 이렇게 표면적으로는 전형적인 고전주의 음악의 성격을 보여주지만 이 곡을 유심히 들어보면 처음에 제시된 제1주제 외에도 여

베토벤의 현악 4중주를 모티브로 한 영화 〈마지막 4중주〉의 포스터

러 가지 악상들이 단편적으로 계속된다는 것을 알 수 있다. 이처럼 주제와 주제 사이가 명확하게 구획되지 않고 여러 단편들이 이어지는 1악장은 마치 여러 종류의 헝겊 조각들을 기워서 만들어낸 콜라주 같은 느낌이다. 주제와 주제 사이를 논리적으로 연결하는 데 심혈을 기울여온 베토벤이 마지막 4중주곡에 이르러서는 서로 어울릴 것 같지 않은 단편적인 악상들을 고전 형식에 녹여내서 지극히 간결한 음악으로 만들어낸 것이다.

빠른 2악장은 베토벤이 작곡한 스케르초 악장 가운데서도 매우 대담한 곡으로 꼽힌다. 이 악장을 들어보면 마치 여러 가지 길이의 선과 점으로 구성된 추상회화 같은 느낌이 들 것이다. 가장 먼저 연주를 시작하는 악기는 제2바이올린이고, 곧바로 한 박 뒤에 비올라, 그리고 다시 한 박 뒤로 제1바이올린이 바짝 따라붙어서 한 박자씩 밀리면서 음을 교대로 빠르게 주고받는다. 그 와중에 첼로는 리드미컬한 연주로 바이올린 두 대와 비올라의 엇갈린 선율을 통합해서 율동감을 만들어낸다.

이 곡의 3악장은 베토벤 현악 4중주의 느린 악장 가운데에서 〈현악 4중주 13번 B플랫 장조〉(Op. 130)의 3악장과 더불어 걸작으로 꼽힌다. 3악장만 따로 연주해도 매우 아름답기 때문에 앙코르로도 사랑받고 있으며, 지난 2007년에 세계적인 현악 4중주단으로 꼽히는 알반베르크 4중주단의 고별 내한 공연에서도 앙코르로 연주되어 깊은 감동을 자아냈다. 3악장이 시작되면 먼저 두 마디의 고요한 서주가 흐른 뒤에 제1바이올린이 노래하는 듯한 선율을 연주하고 이 주제를 바탕으로 조금씩 변형된 선율들이 계속 등장한다. 이 곡은 일종의 변주곡으로 볼 수 있다.

'힘들게 내린 결심'이라는 수수께끼 같은 제목으로 시작하는 마지막 4악장은 '그래야만 하는가'에 해당하는 주제와 '그래야만 한다'에 해당하는 대조적인 주제를 중심으로 악상이 발전한다. 악장 처음에는 힘든 결심을 내리기 직전의 고통이 느껴지지만, 일단 결심이 이루어진 후에 '그래야만 한다'는 결론에 도달하면 음악은 지극히 명랑해진다. 4악장 중간 부분으로 가면 결심에 대한 회의를 느끼듯이 '그래야만 하는가'의 모티브가 다시 등장하면서 비극적인 분위기를 자아내기도 하지만, 주제를 재현하는 진입 부분을 들어보면 고통의 기억이 사라지고 편안한 결심의 상태로 전환해간다. 그래서 이 곡을 듣다 보면 떨쳐버리기 힘든 기억과 그것을 극복하고자 하는 의지를 음악과 함께 경험하며 마음이 정화되는 특별한 체험을 하게 된다.

우주로 뻗어나간 베토벤의 음악

1977년에 미국 우주항공국NASA은 무인 우주 탐사선 보이저호를 발사했다. 보이저호에 우주
어딘가에 있을지도 모르는 외계 생명체에게 전하는 인류의 인사를 담은 골든 레코드를 탑재

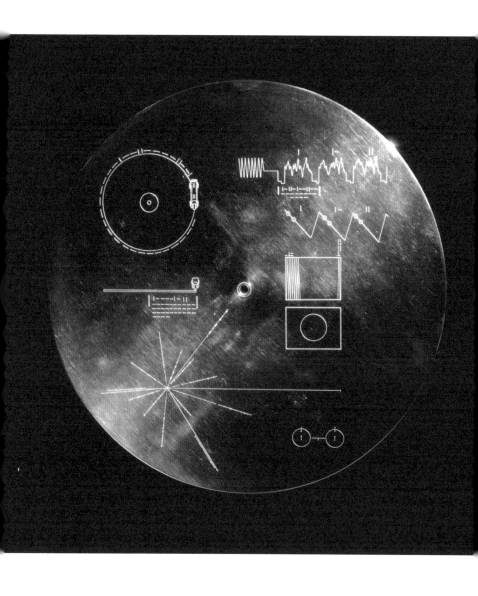

했는데, 이 음반에 바흐, 모차르트 등의 곡과 함께 베토벤의 작품 두 곡이 수록되어있다. 하나는 〈운명〉의 1악장이고, 또 다른 하나는 〈현악 4중주 13번 B플랫장조〉이다.

수공업 예술의 시대에서
예술가 예술의 시대로

　베토벤의 스승이었던 하이든이 살았던 18세기에 예술은 궁정이나 교회에서 필요로 하는 음악을 주문 생산해내는 기능적인 측면이 강했다. 그 시대의 예술은 '예술을 위한 예술'이라기보다는 '실용 예술'이었다. 이는 사회학자 엘리아스Norbert Elias가 말했듯 "수공업 예술"이라는 용어로도 정의할 수 있을 것이다. 예술가를 일종의 '생산자', 예술을 필요로 하는 궁정이나 교회를 '수요자'라고 한다면 18세기는 생산자인 예술가가 수요자의 필요에 따라 작품을 수공업자처럼 생산해내던 시대였으니, 예술가의 창의력보다는 수요자의 요구에 맞춘 기능성이 더 중요할 수밖에 없었다.

　에스테르하지 후작 밑에서 궁정악장으로 일할 당시 하이든이 그 가문과 맺은 계약 내용은 수공업 예술가의 삶이 어떤 것인지를 잘 말해준다. 하이든은 여러 궁정악사들과 지나치게 친해질 수 없었으며, 복장은 항상 단정하게 흰색 스타킹에 화장을 하고 가발을 써야 했다. 또한 에스테르하지 후작이 어느 곳에 있든 하루에 두 번 그의 방 앞에서 그가 원하는 음악을 연주하는 것이 매우 중요한 임무였다. 하이든이 쓴 모든 작품의 소유권은 에스테르하지 후작에게 있었으며, 해당 작품들의 사본조차 절대 밖으로 유출할 수 없었다. 즉 하이든이 에스테르하지의 궁정에서 일하는 동안에는 자유로운 작곡 활동이 불가능했다. 그는 에스테르하지 후작이 원하는 곡들을 생산해내는 수공업 예술가로서의 운명을 감내해야 했다.

그런 와중에 하이든은 주변 사람들과 충돌하지 않으면서도 교묘하게 자신의 뜻을 관철시킬 줄 아는 지혜와 유머 감각이 있었다. 〈고별〉은 그의 지혜로운 처신을 보여주는 좋은 예다. 음악을 너무나도 사랑하는 에스테르하지 후작 덕분에 매해 200회가 넘는 어마어마한 연주 일정을 소화해야 했던 궁정악사들은 어느 해 여름, 휴가조차 떠나지 못하는 자신들의 처지를 한탄하다가 급기야 궁정악장 하이든에게 고통을 호소한다. 하이든은 악사들의 마음을 음악으로 에스테르하지 후작에게 전하기로 결심한다. 교향곡을 연주하다가 악사들이 한 사람씩 퇴장한다는 아이디어였다. 실제로 〈고별〉의 4악장 피날레는 느린 템포로 바뀌면서 단원들이 연주를 하다가 점차 퇴장하도록 지시되어 있다. 음악가들의 '파업 시위'를 이토록 유머러스하게 표현해낸 곡도 없을 것이다. 결국 에스테르하지 후작이 이 교향곡을 듣고 단원들의 휴가를 허락했다고 하니 수공업 예술가 시대의 궁정악장 하이든은 그 시대에 맞는 지혜를 발휘한 멋진 음악가라고 할 만하다.

하이든과 베토벤을 잇는 작곡가 모차르트는 어떠한가? 모차르트의 활동은 수공업 예술가 시대와 예술가 예술 시대를 잇는 과도기적인 양상을 보여준다. 그는 경탄할 만한 신동으로서 어린 시절부터 유명했지만, 나이가 들면서 18세기 음악가의 운명을 받아들일 수밖에 없었다. 성격상 어디에 얽매이는 걸 싫어한 모차르트가 잘츠부르크 궁정음악가 생활을 견뎌내는 것은 매우 고통스러운 일이었을 것이다. 특히나 그가 모시던 대주교 콜로레도Colloredo는 음악가에 대한 이해심이 매우 부족한 인물이었기에 그의 고통은 더욱 가중되었다. 모차르트는 대주교의 지시를 받으며 궁정의 연례행사용 음악과 미사곡을 생산해야 하는 궁정음악가로서 전문 음악가의 경력을 시작했다. 모차르트가 비범한 재능의 소유자임을 너무나 잘 알았던 대주교는 그의 재능을 더욱 크게 꽃피울 수 있게 지원하는 것보다는 비범한 인물이 자신의 밑에서 일함으로써 궁정의 위상이 자연스레 높아지는 것에 더 관심이 있었다. 그는 모차르트가 주어진 의무를 다하며, 다른 수공업자나 하인처럼 자신을 위해 귀족들이 좋아할 만한 가벼운 행사용 작품을 쓰기를 바랐다. 그러나 자신의 창조력을 고갈시키는 이런 단순 작업에 모차르트가 만족할 리 없었다. 게다가 대주교의 모욕적인 대우는 더욱 참기 힘들었다.

결국 모차르트는 수공업 예술가로의 삶을 포기하고 당시로서는 위험천만한 자유음악가의 길에 들어섰다. 말하자면 그가 예술가 예술의 시대를 연 셈이다. 당시 빈에서 열린 그의 예약 연주회에 100명 이상의 정기 회원들이 참여했고, 28일간 스물두 번의 음악회에 모차르트가 출연한 적이 있을 정도로 그의 음악 활동은 매우 성공적이었다. 게다가 빈에서 가장 유명한 음악가인 모차르트에게 레슨을 받기 위해 모여든 사람들도 매우 많았다. 그러나 해가 갈수록 그의 인기는 시들해졌고, 변덕스러운 빈 청중의 냉대 속에 그의 뛰어난 후기 걸작들은 이해받지 못했다. 모차르트가 활동한 18세기 후반까지만 하더라도 진정한 예술가 예술의 시대는 오지 않았던 것이다. 그가 독립적인 예술가로서 자유롭게 활동하기에는 그의 수준 높은 음악 작품을 이해하고 받아들일 만한 시장이 아직 형성되지 않았다.

그러나 19세기가 도래하면서 상황이 바뀌었다. 시민계급의 성장과 함께 예술을 향유하는 방식이 달라진 것이다. 베토벤 시대에 이르러 예술 시장이 발전하면서 힘의 무게중심이 예술의 수요자에서 생산자 쪽으로 이동하기 시작했다. 행사 등에 필요한 작품을 예술가에게 주문하는 교회나 궁정이 아니라 공공 연주회에 참석한 불특정 다수의 청중 그리고 집에서 음악을 즐기기 위해 악보를 구입하는 시민들이 음악의 주요 수요자가 된 것이다. 물론 귀족들도 여전히 중요한 수요자이기는 했지만, 그들의 취향도 시민층의 성장과 공공 연주회의 활성화로 인해 변할 수밖에 없었다. 콘서트홀을 찾아온 관객들은 행사나 미사에 쓰일 음악을 주문하러 온 사람들이 아니었다. 그들은 음악이 저마다의 내면에서 일으키는 감정이나 효과에 따라 음악회를 평가했으며 자신들이 직접 구매한 음악이 특별한 감동을 일으켰을 때만 만족감을 드러냈다. 이런 상황에서 음악 예술은 음악가 개인의 상상력과 독창성이 드러난 특별한 것이어야 수요자를 만족시킬 수 있었다. 외부와 고립된 콘서트홀에서 주의 깊게 음악을 청취하며 감동을 얻고자 하는 청중을 위해 음악가는 그들을 깊이 감동시킬 만한 음악을 생산해내야 했다. 상상을 초월하는 화려한 기교, 관객을 사로잡는 압도적인 표현, 손에 땀을 쥐게 하는 긴박감 등 그것이 어떤 것이든지 듣는 이들이 몰입하여 꼼짝도 못할 만큼 뛰어난 음악을 선보여야 하는 것이다. 이에 따라 19세기 음악가들은 초월적인 상상력과 지적인 힘을 가진 천재적인 존재로 승격되기 시작했다. 신의 영감을 받은 천재, 인간을 통해 드러난 신과 같은 '천재 음악가'의 개념이 18세기와 19세기 전환기의 사회 변화 속에 서서히 구축되어갔다. 음악가가 보통 사람들과는 다른 사람이며 신성한 진리를 드러내는 존재로 각인되는 것이다. 자신이 창조한 음악으로 관객들을 사로잡아 그들을 설득하고, 그들에게 자신의 음악을 강요할 수 있는 음악가, 그가 바로 예술가 예술 시대의 음악가였다.

베토벤은 수공업 예술의 시대에서 예술가 예술의 시대로 바뀌던 시기에 등장하여 귀족과 대중 모두를 사로잡았다. 그는 특유의 비장미와 격정적인 표현을 담은 음악으로 청중들을 매혹했다. 어린 시절부터 직업 음악가의 치열한 삶을 체험하고 이른 나이에 가족을 책임지는 가장의 역할까지 떠맡아야 했던 그였기에 자유음악가로서 살아남을 수 있었을지도 모른다. 그러나 그 어떤 고정적인 일자리에 얽매이지 않은 채 자신의 개성을 마음껏 표현한 독창적인 음악으로 성공을 거두었던 베토벤은, 아이러니하게도 계속해서 안정적인 궁정음악가의 일자리를 추구했다. 지금의 여느 프리랜서와 마찬가지로 그도 자유로운 생활과 경제적 안정 사이에서 끊임없이 고민했던 것 같다. 하지만 운명은 계속해서 그가 자유음악가의 길을 건게 했다. 빈으로 가 하이든에게서 음악을 배우고 다시 본으로 돌아가 할아버지처럼 궁정악장이 되고자 했던 그의 꿈은 정치 문제로 좌절되었고, 해외 연주 여행 중 내심 기대했던 베를린 궁정악장 자리의 가능성도 사라졌다. 베토벤은 야심차게 마련한 부르크극장 음악회에서 하이든과 모차르트의 작품과 자신의 신작을 나란히 연주해 그들의 계보를 잇는 음악가로서 자신감을 보였지만, 빈 궁정음악가의 꿈은 이루어지지 않았다. 또한 카셀의 카펠마이스터로 일할 기회마저 빈 귀족들의 만류와 연금 약정서로 인해 좌절되었다.

하지만 지금의 관점에서 본다면 베토벤이 궁정음악가라는 신분에 묶여 틀에 박힌 음악 작품을 생산해내야 하는 상황에 처하지 않은 것이 매우 다행스럽다. 그가 그토록 다양한 양식의 독창적인 작품들을 생산해낼 수 있었던 것은 어느 한 궁정이나 기관에 얽매이지 않았기 때문일 가능성이 높다. 베토벤은 주문을 받아 생산하는 18세기형 음악가가 아니라, 자신이 주체가 되어 예술성이 뛰어난 작품을 작곡했던 19세기 천재 예술가로서의 위치를 확고히 했다. 그는 최상류층 귀족들의 비호하에 대중들의 가벼운 취향에 휘둘리지 않고 자신만의 혁신적인 음악을 작곡해나갔다. 빈의 귀족들은 그 당시 번지던 엄숙하고도 진지한 음악에 대한 가치를 그에게서 발견했다. 특별한 음악가를 후원함으로써 자신의 높은 예술적 취향을 드러내고자 했던 귀족들 덕분에 '독특함'으로 무장한 그의 음악이 큰 인정을 받았던 것이다. 베토벤은 귀족 살롱의 피아니스트로 활약했을 뿐만 아니라 작품 출판부터 연주 여행, 공공 연주회에 이르기까지 빈 귀족들의 보호를 받으며 명성을 쌓아나갔다. '베토벤'

이라는 이름은 그 누구도 함부로 할 수 없는 강력한 힘이 되었고, 그의 이름이 대중들에게도 각인되면서 그의 연주회와 악보 들은 최고의 인기를 누렸다.

그러나 이것이 베토벤이 이룬 성공의 전부일까? 여행을 하는 동안 나는 계속해서 이런 의문을 품게 되었다. 그리고 그의 진정한 성공은 귓병이 발병하고 난 이후에 이루어졌다는 것을 깨달았다. 그는 자유음악가로서 경제적인 독립을 성취하고 귀족들의 도움으로 확고한 명성을 얻었지만, 음악가로서의 생명을 끝낼 수도 있는 치명적인 귓병을 앓았다. 베토벤에게 사회적인 위치와 경제적 독립을 차지하기 위한 외부와의 싸움은, 그의 내부에서 일어난 싸움보다는 그리 큰 문제가 아니었는지도 모른다. 그에게 더 강력했던 것은 귓병을 극복하고 음악가로서의 사명을 완수해야겠다는 의지가 아니었을까!

이번 여행을 시작할 때만 하더라도 나는 베토벤이 음악가로서 거둔 외적인 성공에 관심이 많았다. 그가 어떻게 경쟁이 치열한 빈 사회에서 탁월한 음악가로서 인정을 받을 수 있었는지, 어떻게 경제적인 자유를 얻어 당당한 독립 음악가로서의 지위를 누릴 수 있었는지 말이다. 하지만 그의 자취를 따를수록 겉으로 드러난 '음악가 베토벤'의 화려한 성공보다는 '인간 베토벤'이 감내해야 했던 신체적 고통과 인간관계의 갈등, 예술을 향한 강한 열정, 내면의 소리에 귀를 기울이는 순수함에 더욱 뜨겁게 공감하게 되었다. 무너질 수도 있었던 베토벤을 끝내 일으켜 세운 것은 '성공'이 아니라 '예술'이었다. 그가 예술을 따랐기에 결과적으로 외적인 성공도 함께 얻을 수 있었던 것이다.

베토벤은 하일리겐슈타트에서 유서를 쓰면서 예술이야말로 자신을 살아 있게 하는 가장 중요한 것임을 깨닫고, 더욱 자신감 있고 개성이 강한 걸작들을 발표했다. 비록 그는 육체적으로 청력에 문제가 있었지만, 영혼의 소리를 들을 수 있는 탁월한 내면의 귀를 지니고 있었다. 지상에서 57년간의 삶을 유지하는 동안, 내면의 소리에 귀를 기울이며 자신이 해야 할 일이 무엇인지 명확하게 깨달았던 베토벤은 진정 성공한 음악가이자 성공한 인간이다.

베토벤의 무덤
베토벤은 고향으로 돌아가지 못한 채 빈에서 잠들었다. 그의 무덤은 빈 남쪽 외곽의 중앙묘지에 위치해 있다.

01 피아노

베토벤은 작곡가이기 이전에 매우 뛰어난 피아니스트였다. 그는 음과 음 사이를 연결해
선율선의 흐름을 강조하는 방식으로 피아노를 연주했는데, 이 같은 레가토 주법은 오르간
연주법에서 비롯된 것이라고 한다. 베토벤의 피아노 연주 스타일은 체르니를 거쳐 리스트
로 전수되었다. 작곡가 이그나츠 자이프리트는 베토벤의 피아노 연주에 대해 "신비스러운
산스크리트어"와 같다고 표현했는데, 그의 독특한 피아노 연주는 즉흥연주에서 단연 돋보
였다. 즉흥연주는 기교는 물론 즉석에서 곡을 만들어내는 풍부한 상상력과 창조력이 뒷받
침되어야 가능한 것으로, 베토벤은 빈의 피아니스트들 중에서도 즉흥연주의 일인자였다.

본의 베토벤하우스에 전시되어 있는 피아노

02 살롱 음악회

빈은 파리나 런던 등 유럽의 다른 도시에 비해 대중을 위한 공공 음악회 무대가 드문 편이었고, 귀족의 저택에서 열리는 살롱 음악회가 활성화되어 있었다. 그러므로 빈에서 활동하는 음악가라면 귀족들의 살롱에서 인정받는 것이 매우 중요했다. 다행히도 베토벤은 일찍이 고향 본에서부터 브로이닝 가문의 살롱 음악회를 통해 귀족들의 문화에 익숙했기 때문에 빈에서도 자연스럽게 적응할 수 있었다. 그는 현란한 피아노 연주로 빈 귀족들을 사로잡았고, 그들의 비호 아래 시대를 앞서나간 전위적인 작품들을 발표하며 자신만의 음악 세계를 구축해나갔다.

03 궁정음악가

궁정음악가 집안에서 태어나 어린 시절부터 자연스럽게 음악을 접한 베토벤은 본 궁정의 오르가니스트였던 네페를 만나면서 본격적으로 직업 음악가의 길을 걷게 되었다. 그는 빈으로 건너간 후 자유음악가로 생활하면서도 궁정극장에서 대규모 공연을 열거나 연주 여행을 통해 각국 왕실의 눈에 들어 안정적인 수입이 보장되는 궁정의 일자리를 얻고자 했다. 하지만 정치적 문제 등으로 그의 꿈은 번번이 좌절되었다.

04 자유음악가

베토벤은 자유음악가로 성공한 인물이다. 다시 말해 그는 음악회 개최와 악보 출판, 악기 교습 등을 하며 생계를 유지할 수 있었다. 이는 그가 살았던 시대를 생각해보면 매우 중요한 의미를 지닌다. 그의 스승인 하이든만 하더라도 궁정에 얽매인 삶을 살아야 했다. 그 시대의 예술은 예술을 위한 예술이라기보다는 실용 예술, 즉 수공업 예술이었다. 하지만 베토벤 시대에는 자유음악가로의 삶이 가능했다. 베토벤이 살았던 18세기 후반기부터 19세기 전반기에 귀족들이 몰락하고 상공업으로 성공한 자본가들이 새로운 음악 소비자로 떠오르면서 대중을 위한 음악회가 활성화되었다. 연주회 무대가 늘어나고 악보 출판으로 인한 수입이 증대하면서 경제적으로 안정된 생활을 누릴 수 있게 된 작곡가들은 예술적 주체로서

작곡하는 베토벤

개인의 목소리를 좀 더 강하게 내기 시작했다. 그 결과 19세기 음악가들은 보통 사람들과는 다른 천재들이며 신성한 진리를 드러내는 존재로 점차 각인되었다. 자신이 창조한 음악으로 관객들을 사로잡고, 그들에게 자신의 음악을 강요할 수 있는 자가 바로 예술가 예술 시대의 음악가인 것이다. 베토벤은 수공업 예술의 시대에서 예술가 예술의 시대로 바뀌던 시기에 등장하여 특유의 비장미와 격정적인 표현이 담긴 음악으로 귀족과 대중 모두를 사로잡았다.

05 연주 여행

모차르트가 어린 시절부터 여러 나라를 여행하며 놀라운 연주를 선보이고 훌륭한 음악가들을 만나지 않았더라면, 그의 다양한 음악 작품들은 탄생하기 어려웠을 것이다. 음악가로서 명성을 얻기 위해서는 연주 여행이 필수적이다. 하지만 작곡가로서 명성을 얻기 전, 경제적으로 궁핍한 생활을 하던 베토벤으로서는 연주 여행을 꿈꿀 수 없었다. 다행히도 리히노프스키 후작의 후원을 받아 프라하, 드레스덴, 라이프치히, 베를린으로 연주 여행을 떠날 수 있었다. 베토벤은 특히 프라하와 드레스덴에서 놀라운 연주를 선보이며 음악가로서의 명성을 높여나갔다.

베토벤이 연주 여행을 떠났던 도시 중 하나인 프라하

빈의 슈테판성당

06 청력 상실

음악가가 청력을 상실한다는 것은 화가가 시력을 잃는 것과 마찬가지로 매우 고통스러운 일이다. 베토벤이 겪은 청력 이상의 원인에 관해서 명확히 밝혀진 바는 없지만, 연주 여행을 떠났던 베를린에서 걸린 발진티푸스 때문이라는 연구 결과가 있다. 발진티푸스의 후유증 중 하나가 청력 상실인데, 그가 이 병을 앓고 난 뒤에 이 같은 부작용이 생겼다는 것이다. 베토벤은 빈 슈테판성당 종탑의 종소리를 혼자만 듣지 못한다는 사실을 깨닫고 자신의 귀에 이상이 생겼음을 알아차렸다고 한다.

07 영웅주의 음악

베토벤의 이름을 들으면 자연스럽게 그의 활력 넘치는 음악이 떠오른다. 그의 대표작인 교향곡 〈영웅〉 〈운명〉, 피아노협주곡 〈황제〉 등을 들어보면 위풍당당한 영웅의 이미지를 떠올리게 하는 강한 에너지를 느낄 수 있다. 그 힘찬 음악은 정신을 고양하며 강한 활력으로 청중을 사로잡는다. '영웅주의 음악'은 흔히 베토벤의 작품 세계를 특징짓는 단어이지만, 이런 스타일의 음악들이 집중적으로 쏟아져 나온 것은 그가 자살 위기를 극복한 이후 약 6년 동안이었다. 음악가에게 귓병은 죽음을 생각하게 할 정도로 매우 굴욕적이고 절망적인 것이다. 그럼에도 베토벤은 죽음의 순간에 내면에 있는 뜨거운 예술혼을 일깨워 고통과 절망을 독창적인 음악으로 승화시켰다.

08 교향곡

동시에 울리는 음 혹은 완전협화음을 의미하는 그리스어 심포니아symphonia에서 유래한 교향곡symphony은 오케스트라가 연주하는 가장 거대한 음악이라고 불린다. 18세기만 하더라도 오페라의 서곡처럼 일종의 기능 음악으로 여겨졌던 교향악은 점차 독립적인 음악으로 발전해갔다. 널리 알려진 교향곡의 형식은 하이든이 정립한 것으로, 소나타 형식의 1악장, 느리고 서정적인 2악장, 3박자의 미뉴에트로 이루어진 3악장, 빠르고 경쾌한 4악상으로 구성되어 있다. 베토벤은 하이든의 교향곡 형식을 계승하면서도 더욱 풍부하고 극적인 음악으로 발전시켰다. 그는 1790년대 중반부터 교향곡을 작곡하기 시작했으며, 평생에 걸쳐 아홉 곡을 썼다. 하이든이 완성한 교향곡의 10분의 1, 모차르트의 4분의 1에도 미치지 못하는 숫자이지만, 그가 남긴 아홉 개의 교향곡은 형식적인 면에서나 내용적인 면에서 교향악의 역사를 바꾸어놓았다고 해도 과언이 아니다. 베토벤은 인간의 위대한 정신세계를 교향곡으로 구현하려 했으며, 그의 교향곡은 개별 작품마다의 완성도뿐만 아니라, 그가 평생 동안 추구한 예술이 점차 발전해가는 양상을 보여준다.

마지막 교향곡 〈합창〉의 탄생지, 바덴의 베토벤하우스

| 1770 | 12월 16일, 아버지 요한 판 베토벤과 어머니 마리아 마그달레나 사이에서 태어나다. |

1770   12월 16일, 아버지 요한 판 베토벤과 어머니 마리아 마그달레나 사이에서 태어나다.
12월 17일, 본의 성레미기우스성당에서 유아세례를 받다.
1775   아버지에게서 첫 음악교육을 받다.
1781   스승 네페를 만나다.

1782 궁정음악가 세계에 첫발을 내딛다

본 궁정의 오르가니스트인 네페의 눈에 들어 그의 보조 쳄발로 주자가 된다. 열두 살이라는 어린 나이에 무급 조수로서 궁정음악가 생활을 시작한 그는 여러 음악회 현장에서 다양한 상황을 해결하며 온몸으로 음악을 익히고, 궁정악단과 함께 연주하며 앙상블이 무엇인지를 체험한다.

18세기 오케스트라의 모습

1784   본 궁정의 제2오르가니스트로 승진하며 명실상부한 직업 음악가가 되다.
1787   프란츠 선제후의 후원을 받아 빈 여행길에 올라 모차르트를 만나 피아노 연주를 선보이다. 어머니가 세상을 떠나다.
1790   독서회로부터 의뢰를 받아 〈황제 요제프 2세의 장송 칸타타〉와 〈황제 레오폴트 2세의 대관식 칸타타〉를 완성하다.
1792   라인강 인근의 라 르두트에서 하이든을 만나다.

1792 음악의 중심지 빈으로 떠나다

프란츠 선제후와 발트슈타인 백작의 후원에 힘입어 하이든에게서 음악교육을 받기 위해 빈으로 간다. 이해 11월부터 시작된 하이든과의 작곡 레슨은 1794년 1월까지 이어진다. 한편 본에서 온 무명의 음악가에 불과했던 베토벤은 피아노 즉흥연주 시합을 통해 탁월한 피아니스트로서 두각을 드러내며 빈 최상류층 귀족들의 주목을 받는다.

베토벤이 음악가로 한층 더 발돋움하는 빈

1793	새로운 후원자 리히노프스키 후작의 집에 거처를 마련하다.
1795	자신의 이름을 건 악보를 정식으로 출판하다. 피아노와 바이올린과 첼로로 연주하는 피아노 3중주를 첫 번째 출판 작품으로 선택한다.
1796	리히노프스키 후작의 후원을 받아 프라하, 드레스덴, 라이프치히, 베를린으로 연주 여행을 떠나다. 연주 여행을 다녀온 후 심하게 앓기 시작하고, 그 후유증으로 청력에 이상이 생긴다.

1800 부르크극장에서 교향곡 1번을 초연하다

4월 2일, 빈의 부르크극장에서 열린 음악회에서 베토벤은 하이든과 모차르트의 작품과 함께 자신이 작곡한 7중주와 교향곡 1번을 나란히 무대에 올려 스스로가 하이든과 모차르트의 계보를 잇는 음악가임을 나타낸다. 이 음악회의 성공으로 베토벤의 명성이 높아지고 그의 팬들이 늘어남에 따라 비평가들의 평가도 달라지기 시작한다.

새로 문을 연 부르크극장의 내부

1801 발레 음악 〈프로메테우스의 창조물〉을 완성하다.

1802 피아노소나타 〈템페스트〉를 작곡하다.

1802 하일리겐슈타트에서 유서를 쓰다

빈 근교의 하일리겐슈타트에서 점차 악화되는 귓병을 비관하며 동생들에게 유서에 가까운 편지를 쓴다. '하일리겐슈타트의 유서'라 불리는 이 편지에서 베토벤은 귀가 잘 들리지 않는 고통에 대한 절망감을 드러내지만, 글을 쓰면서 내면에 숨어 있던 뜨거운 예술혼을 발견하고 전보다 더욱 대담하고 혁신적인 작품들을 내놓는다. 베토벤 음악 연구가들은 유서 이후 1808년까지 약 6년간 강렬하고 극적인 걸작들이 쏟아져 나왔다고 해서 이 시기를 '드라마틱 소나타 시기' 혹은 '걸작의 숲'이라고 부른다.

하일리겐슈타트에서 쓴 유서

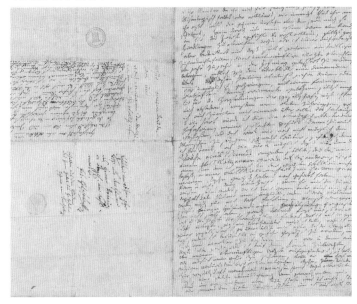

1803 교향악의 혁명을 이룩한 〈영웅〉을 쓰기 시작하다

〈영웅〉으로 불리는 교향곡 3번은 이해에 쓰여 이듬해인 1804년에 로브코비츠 공작 저택의 에로이카홀에서 사적으로 초연된다. '민중을 위한 영웅'이라는 메시지가 담긴 이 곡은 공화주의자의 이상을 보여준 나폴레옹의 영웅적인 정신에 경도되어 있던 베토벤이 그에 대한 존경심으로 쓰기 시작했다고 알려졌으나, 나폴레옹이 황제로 즉위했다는 소식을 듣고 분노한 나머지 이 곡의 악보 표지를 찢어버렸다고 한다. 〈영웅〉은 일반적인 교향곡의 연주 시간보다 두 배나 긴 장대한 스케일을 자랑하며, 충격적인 불협화음으로 유명하다. 프랑스의 소설가이자 비평가인 로맹 롤랑은 이 작품을 '걸작의 숲'이라 불리는 시기의 시작점이라고 보았다.

자크루이 다비드, 〈나폴레옹의 황제 대관식〉(1806~1807)

1803   바이올린소나타 〈크로이처〉를 발표하다.

1804   피아노소나타 〈열정〉을 작곡하기 시작하다. 또 후원자 발트슈타인 백작에게 헌정하는 피아노소나타 〈발트슈타인〉을 내놓는다.

1806   현악 4중주의 정점이라고 할 수 있는 〈라주모프스키〉를 작곡하다.

1807   오스트리아의 시인이자 극작가인 콜린이 1804년에 쓴 동명의 희곡 「코리올란」에 감명을 받아 〈코리올란〉을 발표하다. 또한 교향곡 〈운명〉을 작곡하다.

1808   교향곡 〈전원〉을 작곡하다.

1808 안 데어 빈 극장에서 성대한 음악회가 열리다

12월 22일 안 데어 빈 극장에서 저녁 6시 30분부터 10시 30분까지 장장 네 시간 동안 음악회가 계속되는데, 교향곡 〈운명〉과 〈전원〉 그리고 〈아, 배신자여!〉, 〈장엄미사〉 중 '글로리아' '상투스' 등이 프로그램에 오른다. 이 중 연주회의 마지막 곡으로 선보인 〈합창 환상곡〉은 피아노협주곡에 성악과 합창을 결합한 독특한 작품으로, 이후에 나올 교향곡 9번 〈합창〉을 예견하는 듯하다. 기이한 조합의 악기 편성으로 인해 연주는 엉망이 되었고, 결국 오점을 남긴 채 음악회가 끝이 난다. 그럼에도 불구하고 베토벤의 작품만으로 구성된 긴 음악회가 성황리에 열렸다는 사실만으로도 당시 빈에서 그가 누린 인기를 충분히 짐작할 수 있다.

안 데어 빈 극장

1809 피아노협주곡 〈황제〉를 작곡하다.

루돌프 대공과 킨스키 공작, 로브코비츠 공작이 연간 4,000플로린의 연금을 평생 지급한다는 약정서에 서명하다.

1810 〈에그몬트〉를 발표하다.

1812 가장 리드미컬한 교향곡으로 꼽히는 〈교향곡 7번 A장조〉를 내놓다. 이어서 이 곡과는 대조적인, 고전적이고 풍자적인 성격의 〈교향곡 8번 F장조〉를 발표하며 새로운 음악 스타일로의 변화를 실험한다.

1813 빈대학 강당에서 〈교향곡 7번 A장조〉가 초연되다.

1814 바이올리니스트 슈판치히와 첼리스트 린케와 함께 무대에 올라 후원자 루돌프 대공에게 헌정한 「대공」의 피아노 파트를 직접 연주하다. 실내악곡의 피아니스트로서 그가 선 마지막 무대다.

1815 동생 카를이 사망하자 법원에 조카의 단독 후견권을 요구하다.

1819 친구이자 후원자인 루돌프 대공이 올뮈츠의 대주교에 오른 것을 기념하여 〈장엄미사〉를 작곡하기 시작하다.

1824 러시아의 상트페테르부르크에서 〈장엄미사〉가 초연되다.

1824 마지막 교향곡 〈합창〉이 초연되다

5월 7일에 '환희'와 '인류는 한 형제'라는 메시지를 담고 있는 〈합창〉이 빈의 케른트너토어극장에서 공연되었을 때, 당시 청중들은 변화무쌍한 이 곡에 놀라움과 경외감을 느꼈다고 한다. 베토벤이 30년 가까이 구상하여 완성한 것으로 알려진 〈합창〉은 그가 청력을 완전히 상실한 상태에서 지은 곡이자 그의 마지막 교향곡이다. 평화와 자주와 화합과 인류애 같은 보편적인 가치를 담고 있는 이 곡은 전체 4악장으로 이루어져 있다. 마지막 4악장에 성악 파트가 들어가 있는데, 기악 형식인 교향곡에 사람의 목소리가 들어간 방식은 베토벤 교향악 이전에는 찾아볼 수 없는 독특한 구성이다.

1826 조카 카를의 자살 기도 사건으로 큰 충격을 받아 건강이 급격히 악화되다.

1827 3월 26일, 세상을 떠나다.

3월 29일, 2만 명이 넘는 빈 시민들이 베토벤의 장례식에 모이다.

〈합창〉의 초연 당시 지휘하는 베토벤

1845 베토벤 탄생 75주년을 기념하여 리스트, 멘델스존, 슈만 등 여러 음악가들이 본에 그의 동상을 세우기 위한 특별 기금을 마련하다.

참고 문헌

단행본

노베르트 엘리아스, 『모차르트』, 박미애 옮김, 문학동네, 1991.

레프 니콜라예비치 톨스토이, 『크로이처 소나타』, 김경준 옮김, 뿌쉬낀하우스, 2016.

메이너드 솔로몬, 『루트비히 판 베토벤 1, 2』, 김병화 옮김, 한길사, 1998.

백기풍 외, 『베토벤 32곡의 피아노 소나타 전곡 분석과 연주법』, 작은우리, 1993.

서우석·김원구, 『라루스 세계음악사전』, 탐구당, 1998.

얀 카이에르스, 『베토벤』, 홍은정 옮김, 도서출판 길, 2018.

올리버 스트렁크, 『서양음악사원전』, 서울대학교 서양음악연구소 옮김, 서울대학교 서양음악
연구소, 2002.

이남재·김용환, 『18세기 음악』, 음악세계, 2006.

제러미 시프먼, 『베토벤, 그 삶과 음악』, 김병화 옮김, 포노, 2010.

토머스 시프, 『베토벤 에로이카 교향곡』, 김지순 옮김, 동문선, 2004.

티아 데노라, 『베토벤 천재 만들기』, 김원명 옮김, 경성대학교출판부, 2009.

필리프 A. 오텍시에, 『베토벤』, 박은영 옮김, 시공사, 2012.

Albrecht, Theodore, "Beethoven and Shakespeare's *Tempest*: New Light on Old Allusion", *Beethoven Forum*, Lincoln: University of Nebraska Press, 2000.

Beethoven, Ludwig van, *Beethoven's Letter*, Lady Wallace,(trans), Ainderby Hall, 1866.

Beethoven, Ludwig van, *Beethoven's Letters*, Mineola: Dover Publications, 1972.

Beethoven, Ludwig van, *Heiligenstädter Testament*, Faksimile, Wien–München: Doblinger, 1957, 1992.

Berger, Melvin, *Guide to Chamber Music*, Mineola: Dover Publications, 1985, 1990, 2001.

Brown, Peter, A., *The Symphonic Repertoire vol. 2: The First Golden Age of the Viennese Symphony: Haydn, Mozart, Beethoven, and Schubert*, Bloomington: Indiana University Press, 2002.

Cooper, Barry(ed.), The *Beethoven Compendium*, London: Thames and Hudson Ltd., 1991.

DeNora, Tia, *Beethoven and the Construction of Genius: Musical Politics in Vienna, 1792-1803*, Berkeley: University of California Press, 1995.

Geiringer, Karl, *Haydn: A Creative Life in Music*, Berkeley: University of California Press: New York: W. W. Norton and Company, 1963, 1982.

Keller, James M., *Chamber Music: A Listener's Guide*, Oxford: Oxford University Press, 2011.

Lockwood, Lewis, *Beethoven's Symphonies: An Artistic Vision*, New York: W. W. Norton & Company, 2015.

Marliave, Joseph de, *Beethoven's Quartets*, Mineola: Dover Publications, 1961, 2004.

Sonneck, O. G.(ed.), *Beethoven: Impressions by His Contemporaries*, Mineola: Dover Publications, 1926, 1954.

Steinberg, Michael, *The Concerto*, Oxford: Oxford University Press, 1998.

Steinberg, Michael, *The Symphony*, Oxford: Oxford University Press, 1995.

논문

이경분, 「베토벤 수용을 통해 본 나치의 음악정책」, 음악이론연구 제6집, 서울대학교 서양음악연구소, 2001.

이영범, 「〈크로이처 소나타〉에 나타난 톨스토이의 기독교 사상과 예술관」, 한국 노어노문학회 정기논문 발표회 자료집, 2012.

사진 크레디트

클래식 클라우드 017

베토벤

1판 1쇄 발행 2020년 2월 19일
1판 4쇄 발행 2022년 3월 10일

지은이 최은규
펴낸이 김영곤
펴낸곳 아르테

책임편집 김슬기 문학팀 장현주 임정우 김연수 원보람
출판마케팅영업본부 본부장 민안기
마케팅2팀 나은경 정유진 이다솔 김경은 박보미
출판영업팀 김수현 이광호 최명열
제작 이영민 권경민
디자인 박대성 일러스트 최광렬

출판등록 2000년 5월 6일 제406-2003-061호
주소 (10881) 경기도 파주시 회동길 201(문발동)
대표전화 031-955-2100 팩스 031-955-2151

ISBN 978-89-509-8615-5 04000
ISBN 978-89-509-7413-8 (세트)
아르테는 (주)북이십일의 문학·교양 브랜드입니다.

(주)북이십일 경계를 허무는 콘텐츠 리더

네이버오디오클립/팟캐스트 [클래식 클라우드─책보다 여행], 유튜브 [클래식클라우드]를 검색하세요.
네이버포스트 post.naver.com/classic_cloud
페이스북 www.facebook.com/21classiccloud
인스타그램 www.instagram.com/classic_cloud21
유튜브 youtube.com/c/classiccloud21